家族実験

あなたは誰と、どのように生きていくのか

石塚芳幸・川上和宏・佐藤和夫＝責任編集

多世代文化工房＝著

tasedaibunkakobo

発行＝はるか書房　発売＝星雲社

「理想の家族」は私たちに何をもたらしたか——序にかえて

「家」から「理想の家族」へ

かつて「家族」とは「家」のことだった。

「家」と「家族」は何が違うのか。人によっては自明のことかもしれないが、まずは一九五六年に愛媛県で生まれた人物が描く、次の文章を読んでいただけるだろうか。

〈私が物心ついたころの家族は、母と姉と父、そして祖父が他界した後に同居することになった祖母だった。その時の私にとって家族とは「家」（私の「家」は農家）の成員のことだった。戦後の「農地改革」による変貌があったものの、農作業と衣食住生活を営むために代々受け継がれてきた農地と家屋をもつ「家」は連綿と存続してきた現実であって、「家族をつくる」とか「理想の家族」などという観念が存在する余地はなかった。

家族とはその「家」の農作業や家事労働を無償で行う者のことであり、家族のそれぞれに役割が割り当てられていた。性別役割はあったが、女も男も農作業と家事労働に携わっていた。私の「家」の場合、父は園芸組合（現在は農協）に勤めて現金収入を得る一方、普段は母が農作業を一手に引き受け、休日には父や私が農作業を手伝った。家事労働では、調理や洗濯は専ら母の仕事だったが、父が鶏をさばいたり、私も手伝って薪《まき》割や家屋の修理をした。井戸水を手押しポンプで風呂釜にため、薪を焚《た》いて風呂を沸かすのが、私の最も重要な役目だった。また、村の共同作業（農道・水路・ため池・共同墓地の清掃や、村の神社に関わる仕事など）には、主に父が出向き、母も手伝った。

このような風景は、当時の日本社会においてきっと珍しいものではなかっただろう。一九五〇年代は、農林漁業（一次産業）就業者数が全就業者の四〇％近くを占めていた時代であった。ちなみに、私が大学に入学した一九七〇年代の農林漁業（一次産業）就業者数は全就業者の一三％となり、二〇二〇年では三％にすぎなくなっている。今や、農家とその家族（「家」を基盤とした家族の代表例の一つ）は、日本社会の家族のあり方を表象させるものでは全くなくなった。〉（藤谷　秀）

この文章が描くように、「家」とは多くの場合、先祖から受け継がれてきた「農地と家屋」をさしていた。農地と家は生活に必要なものを生み出す場所で、それは地縁と血縁というセーフティネットと結びついて、「生命の安全保障」を形成していた。

だが、上の文章の父親が農協で働き現金収入を得ることが必要であったように、生活の糧《かて》を得る手段は家の生産物から賃労働へと次第に変化していった。そして、生活の糧を得るための労働が地域から切り離された場合（都市に転居して就職した場合など）には、地縁や血縁からも離れていくことになった。その時はじめて、個人が「家族をつくる」ことを意識するようになったと言えるだろう。

地縁や血縁のなかで支え・支えられる関係にあれば、個人が自由にパートナーを選ぶということは難しい。それらから切り離され、賃金を支払う組織にぶら下がって生きるようになったことで、自分が共に生きていきたいと思う相手をある程度自由に選べることになったのだ。逆から見れば、それは安全保障の単位が家族だけのなかで閉じていき、地縁や血縁はその足を引っ張りかねないものとして削ぎ落としていくという過程でもあった。

ここで重要なことがある。

家族のあり方が「家族をつくる」ことへと変化したのであれば、「自分は誰と生きていきたいのか」という問いと同じぐらいに、「自分は家族とどんな関係をつくっていきたいのか」という問いが、多様な答えとともに広がっていってもよいはずだった。

具体的に言えば、「東京二三区内の一戸建てに住むにはどうすればいいのか」「子どもが高学歴で大企業に就職できるように（そういう相手と結婚できるように）なるにはどうすればいいのか」といった問いではなく、「自分は何を大切にして生きていきたいのか。目の前の相手はどう生きていきたいと考えているのか。その相手と自分はどうやって共に生きていけるのか」という問いについて、語り合うことができるようになってもよかったはずだった。

だが、そのような問いが一般的になることはなかった。そもそも個人が選択できるような家族像が当時、多様に存在したわけでもない。「家族をつくる」ことが一般的になった時に広まったのは、メディアを通じて共有された「理想の家族」像で、それは企業社会や経済成長に合わせた形で用意されていた。たとえば、それは次のようなものだ。

〈……ロマンティックな恋愛で結ばれた男女が、少数の子どもを持つ。夫は定年まで賃金を家庭へ持ち帰り、妻は家族のための家事を引き受けつつ愛情をもって子どもを育てる。子どもはそのような父母にならい、「良い学校」に行き、「良い企業」に就職する。〉

なぜ「この人」と人生を添い遂げなければいけないのか、と考えてみると、その理由を見つけることは実は難しい。それを可能にするとされてきたものは恋愛感情だ。

一定の期間に限って自分や相手を特別な人間だと思わせる恋愛感情は、すべての人間が経済的価値で見積もられかねない資本主義社会のなかで、「自分（と相手）は特別な存在だ」ということを信じさせる避難所となってきた。だが、恋愛感情はいずれ薄れる。その過程で、相手を一人の人間として大事に思えるようなことがなかったならば、そこには「家計」に貢献するための役割分担しか残らないかもしれない。

「理想の家族」像は、そのような役割分担である「理想の女性像・男性像（ジェンダー）」と不可分なものであり、企業と家庭の双方から一人ひとりの生き方を支配した。たとえば、女性は自分の考え方、感じ方がどうであったとしても、「母性的」「献身的」であることを求められたし、さらには男性から見て性的に魅力的である（学生の時は「化粧なんかして」と言われるのに、成人が近づくと「化粧ぐらいしなさい」と言われる）ことを要求された。一方で男性は、新卒採用や終身雇用といった枠組みを背景に賃労働の椅子取りゲームに参戦することを意識させられ、一度座った椅子から離れようとすれば「頼りがいがない」「甲斐性がない」などの言葉を投げつけられることを覚悟しなければならなかった。

そのように抑圧的な面をもつ「理想の家族」像が人びとの間で力を持つことができたの

は、それが幸福物語と結びついていたからだろう。「このようであれ」と命令するのではなく、「幸せになりたいんでしょ、だったら……」という形をとっているからこそ、「理想の家族」は強く心のなかに食い込んでくる。「生活の安全保障」は高度経済成長を通じて「幸せの安全保障」へとスライドされ、その成否は家族のあり方次第だとされた。

「家族の幸福物語」は資本主義社会における重要な商品であって、家族に関して人びとにカネを払わせたいと思わせるような呼びかけは、あらゆる場所に響いている。それを「経済効果」として肯定的に評価するということもできるが、一度しかない自分の生を、誰と、どのように生きていきたいかということは、幸福物語と商品経済のなかに収まりきるほど単純なものではない、ということもまた事実ではないだろうか。

「理想の家族」から「家族実験」へ

一九八〇年代から二〇二〇年代にかけて、家族のあり方は大きく変わった。「いずれは結婚し、複数の子どもを育てる」ということはもはや必然ではなくなり、(1) 家族のあり方は以前と比べて明らかに多様になった。

そうであれば、私たちは企業社会に織り込まれた「幸福物語」から解放されたのだろうか。そして、「自分は誰かと共に、どのように生きていきたいのか」という問いを周りの人びとと自由に語り合えるようになったのだろうか。残念ながら、現状はそのような状況からは程遠いと言わざるをえない。

これまで「理想の家族」と結びついてきた「理想の女性像・男性像（ジェンダー）」は、経済構造の変化もあって、かつてのような説得力を失いつつある。ジェンダーに応じた役

(1) 内閣府男女共同参画局『男女共同参画白書　令和4年版』

割を求めがちであった地縁や血縁といった集団は、すでに衰退して久しい。一方で、それらが担っていた生活の安全保障の役割も衰え、それらに代わって安全保障の役割を担ってきた企業社会もまた、先行きの不透明さを増している。その結果、家族はできるかぎり「自己責任」で生きることを意識させられ、公的機関による社会保障でさえ、少子化と財政難によって不安の対象となっているというのが現状だ。そのような状況のなかで進む家族の多様化とは、諸家族の互いに対する無関心や孤立と表裏一体のものとなりかねないのではないか。

たとえば、現在における新たな「幸福物語」を描いてみるとしたら、それは「他人から干渉されたくない」「家族の外にあるものに責任を負いたくない」「他の家族より損をしたくない」「リスクを最小限にしたい」といった思いをかなえられる家族なのではないか。だが、そのように家族のなかへと人びとが閉じていくなら、「生活の安全保障」や家族の不安や喜びを受け止める「感情的ケア」は、ただ家族だけが担わざるをえない。そうなれば、互いが感情を受け止めあうことのできる上限を超えてしまう、あるいは安全保障の最適解と思うことを子に求めるあまりに過干渉になる、といったことが起こることは容易に想像できる。

一方で、視点を変えれば、今の状況は誰もが同じような「理想の家族＝幸福物語」を共有している、するべきだ、という意識から離れる転機であるとも言える。「自己責任」の要求が強まれば強まるほど人は自分の経済的価値を常に量られていると感じるようになる。それは多くの人にとってはうんざりすることだ。現在の不安定な状況のなかでは、私たちは家族を互いに支え合う方法を探し求めざるをえないが、それと同じぐらいか、もしくはそれ以上に、自分がどう生きていきたいかということと向き合わざるをえない。

自分はこのように生きていきたいという思いを、どのように現実にするのか。そして、そう思う人間同士が、どうやって共に生きていけるのか。その問いには、決まった答えはなく、自分自身に問いかけ、共に暮らす相手と語り合い、そして日々を過ごしてみることでしか見つからないものだろう(2)。

この本では、そのような実践を「家族実験」と呼んでみたいと思う。


第1章では、そのような「家族実験」をしている人びとへのインタビューが掲載されている。家族をつくろうとする時、話し合って決めたことではないさまざまなことが、さも当然のこととして身に降りかかってくるという経験をした人も少なくないだろう。そのようなことは、とりわけ「婚」「子ども」「ケア」といった、人生の転機となる重要な機会の時にやってくる。ここに登場するのは、それらをすべて受け入れるのでもなく、かといって周囲から孤立してしまうのでもなく、自分と向かい合いながら、誰かと共にどのように生きていくかを模索し続けている人びとだ。

続く第2章以降では、さまざまな世代に属する執筆者が、そうした人生の転機にあたって「家族実験」に取り組んだ経験や考えてきたことが描かれている。第2章では「婚」、第3章では「子ども」、第4章では「男女の性差」、第5章では「ケア」、第6章では「家族のかけがえのなさ」といったテーマを取り上げるが、それらを通じて「家族というわけのわからないもの」と向かい合う気持ちを読者と共有できたらと、心から思う。


（石塚芳幸・藤谷　秀）

(2)　たとえば生成AIは、「どうしたら収入を増やせるか」「長生きできるか」という問いには答えてくれるかもしれない。だが、それ以外で私が求めるものには答えることはできないだろう。

目次

第4章　性差をめぐる内なる声を聴く

第5章　家族だからケアするのは当たりまえ!?

第1章

常識にとらわれない「家族」を選んだ人びと

INTRODUCTION

「常識」。社会的に当たり前と思われる行為。その時代や社会で、一般人が共通に持っている知識または判断力・理解力。ある著名な科学者によれば、一八歳までに身につけた〝偏見〟のコレクション、とも。一八歳の自分に立ち返って「家族」を定義するなら、みなさんはどのような言葉を当てはめるだろうか。

好きになった異性と初婚同士で結婚した夫婦と、その間に生まれる子ども。加えて、その夫婦は長年、家事・子育て・ケアの責任を負い、死が二人を分かつまで支え合う。浮気も不倫も離婚もしちゃいけない……と、こんなところではないか。

このような偏見まみれの「常識」に、目の前の現実を近づけようとしてなされる努力や配慮はきっとあり、それは否定されるべきものではないだろう。しかし、その努力や配慮に身を挺し、自分が壊れかけてしまうぐらいなら、そちらのほうをいったん保留にしてもよいかもしれない。もしくは、どう頑張ったとて私や私たちにはできそうにないと諦めた（明らかに見定めた）ことから、拓ける人生もきっとある。

この章では、「常識」にとらわれない家族を選んだ四人の人生の一部を、インタビューを通して描き出す。各タイトルを一見すると、突飛なものばかりに思えるかもしれないが、それぞれの関係を選んだ理由、決断にいたるまでの葛藤に目を向けてみると、いわゆる「ふつう」の家族と共通する悩みも抱いていて、共感してしまう部分も多いのではないかと思う。

結婚って、何のためにするの？
離婚って、何がいけないの？
人生の伴侶が、妻ないし夫である必要ってある？
家族に血縁って必要なの？

これらの問いに明確な答えなんて持ちうるものではないけれど、四人の話に触れながら、一緒に考えてみてはどうだろうか。

※　以下四つの文章は、各執筆者の関心にそってインタビューを行い、対談形式によってまとめたもの。対談相手はすべて仮名としている。

1 世間体のために結婚しました

「家族」や「結婚」は「パック旅行」や「コース料理」のように思われていないだろうか。たとえば、ある人が誰かと「家族」になると決めたとしよう。その瞬間、多くのことが「当然のこと」として了解されたと見なされてしまいかねない。たとえば次のようなものだ。

「パッキング」された家族像

「家族」になるには、婚姻あるいは血縁関係でなければならない。
「結婚」したら、性関係を持たなければならない。
「結婚」したら、子どもを持つほうがよい。
「結婚」したら、死ぬまで共に暮らしていく。
「家族」は、誰よりも優先的な関係である。
「家族」になると、死ぬまで責任をとらなければならない。

そのような諸条件を「パッキングされた家族像」と呼んでみよう。パック旅行が安心、快適であるように、パッキングされた家族像には、人間が生きていくために必要なものがあらかた満たされている。そこには、「性的に相手を独占できる関係」があり、そして「家計の維持に必要な金銭の調達」「家事・育児」「老後の介護」などが備えられている。

家族をつくって、そのなかで自分の役割を果たすということは、生活の安全を保障されることだと、これまでは思われてきた。そして、国家の政策もまた、そのような家族像に沿って整備されてきた。民法によって認められた家族の成員の立場、性に対して国家がさまざまな形で示してきた規範。そのような条件を満たした国民に与えられる権利や保障は、歴史的には労働や兵役に適した人間を家族から生み出すという機能を果たしてきた。そのような意味で、これまで共有されてきた「家族像」とは、安心して生きていくための枠組みであると同時に、個人の生き方を一定の枠のなかに縛りつけるものでもあったと言える。

「パッキングされた家族像」が家族のなかの全員にとって幸せだと感じられるなら、それに沿って生きることに何の問題もない。また、「家族」などいらないという人がいても、まったくおかしくない。だが、もし「パッキングされた家族像」に何か嫌なものを感じたとして、その時に「一人で生きる」か、それとも「パッキングされた家族像のなかで生きる」か、そのどちらかを選べと言われているように感じるとしたら、そのような二者択一をやすやすと受け入れていいものだろうか。

私がインタビューをさせてもらった川崎さん（仮名）は、首都圏のある地方都市に住んでいる。初めて会って話した時から、周りの人の心の動きに敏感で繊細さに裏づけられた社交性が豊かに備わっているということが、たしかに伝わってくるような人物だ。

彼女は三〇代半ばで結婚し、親しい人には「世間体で結婚した」と話している。彼女が語る「世間体」とは、具体的にどのようなことをさしているのだろうか。

どうして結婚する必要があったのか

――川崎さんの言う「世間体のための結婚」というのは、具体的にどういうことなのか聞かせていただけますか？

「好きだから結婚したんじゃなくて、世間体五割、親孝行が四割、医療の同意とか防犯上の理由が一割、って感じですね。やっぱり、結婚してない人イコール問題がある人、みたいな目で見られるのが、まだ風潮としてある気がして。

被害妄想かもしれないですけど、たとえば年上の女性の同僚が、『結婚して子どもがいるのが一人前だから』みたいなことを、当たり前のように言ってくる。男の人は、今そんなことを言うとセクハラになるから、たぶん言ってこないんです。親戚の集まりとかでも、『女の人は期限がある。子どものこともあるし。だから考えないとダメよ』みたいに言われ続けてきて。自分は強くないから、ちょっとその、世間体に勝てなくて。」

――川崎さんは、誰かと一緒に住みたい、っていう気持ちはもともとあったんですか？

「老後のことを考えると、なんか不安だな、っていう漠然とした不安があって。『おひとりさま』で生きていけるような制度があったら、別に結婚しなくてもよかったんですけど。でも、そういう制度はないから、結婚相談所で相手を見つけて、結婚してからも一人ひとりの時間を大切にできれば、自分の生活を煩わしくさせないで生きていけるかな、って。」

――川崎さんにとって、相手との距離感はすごく大事なんですか？

「そうですね。ずっと一緒にはいられない。部屋とかが一緒というのは、ちょっと耐えられないです。私は一人になる時間が必要で、それがないと平静を保てないというか……疲れちゃう。

部屋でドラマとかＴＶｅｒ（1）とか見てると、結婚相手が私と話したがることがあって。相手はテレワークで、昼も一人なんで寂しいんですかね。で、相手が私の部屋に入ってくると、うるさいなって思っちゃう。そこは距離感じゃん、って。でも、一応結婚してるし、相手の人生も私と結婚することで犠牲にしちゃってるので、ちょっと付き合ってあげようかな、みたいな。」

(1) ティーバー。スマホの専用アプリやPCのウェブブラウザを利用して、民放テレビ局が提供するテレビ番組や動画コンテンツを視聴できる、民放公式サイト。

――距離を置いた共同生活をできる人が欲しかったんでしょうか。たとえば、それは男性でも女性でも関係なかったりするんでしょうか?

「女性でもいいんですけど、男性だと、結婚できるから。親孝行にもなるし、職場の人にもうるさいことを言われないですし。逆に、もし恋愛感情で付き合っていたら、結婚しなくても全然問題ないと思います。」

結婚しても妥協はしない

――結婚すると、そこに決まったイメージがついてくる、ということがありますよね。たとえば、恋愛感情があって当たり前とか、子どもを持ったほうがいい、みたいな。あと、これは別に話さなくてもいいんですけど、性関係があって当然、とか。でも、川崎さんはそのなかで取捨選択をして、自分の環境をつくっているわけですよね。

「性関係っていうのは、私は本当にやる気がないんです。相手はそういう気持ちがあって。でも、そうならないように誘導してます。別にやりたいんだったら、風俗とかでもいいから、行ってくれれば全然いいのに、って思うんです。なんか彼氏だった時は、非日常なんでまあいいけど、家族になっちゃうと日常だから、それが日常に入ってくるのが嫌だな、って。でも、私から風俗行きなよって言うと、相手がちょっとショックを受けるかもと思うから、言わないんです。」

――普段の食事も、別々なことが多いんですよね。

「土日は私がジムとかヨガとか出かけちゃうんで、夜ご飯しか一緒じゃない。ご飯は、それぞれが別々に作るんです。どちらかがなんとなくキッチンに立って、自分の準備をし始めると、もう一人は自分の部屋でゴロゴロ待っていて。キッチンが空いたら、自分の分だけ好きなものを好きなだけ作って。で、時間が合えば一緒にテーブルで食べる。私は夜ご飯も別でいいと思ったんですけど。ずっと一緒にいると、しゃべることもなくなりますし。」

――家にあるもので、共用のものって結構あると思うんです。冷蔵庫や洗濯機のような家電製品とか、手をふくタオルとか。そういったものの使い方とか、洗う頻度とか、きれい・汚いの感覚とかって、人によって結構違ったりするじゃないですか。そういうところって、どうしてますか？

「冷蔵庫は、一段目が私、二段目が相手、って感じかも。ドレッシングとかはそれぞれ持っていて、共用のものって、あんまりない。タオルはそれぞれ別です。洗濯機は一緒に使ってます。私は洗濯物をピンチにどんどん干してしまうんですけど、相手はピンチが平行になるように干さないと嫌みたいで。でも、相手の洗濯物を干していてそう言われた時は、『自分の価値観を相手に押しつけないでほしい』ってキレて。そのあとは、私がハンガー、相手がピンチしか干さないようになりました。掃除は、相手がテレワークなので、仕事に飽きた時にやるからいいよ、って言ってくれていて。私がやっても何か文句言われるだろうから、お任せしてます。お風呂はジムに週六行っているので、ジムの大浴場で入ってきちゃいます。」

――川崎さんが育った家では、夕食は家族全員で一緒に食べる感じでしたか?

「夕食は一緒でしたね。ばあちゃんと一緒に暮らしてたんですけど、ばあちゃんは大正生まれで、『夕食はみんなで一緒に食べなきゃダメだ』っていう感じで。ばあちゃんが死んでも、それはずっと続きました。でも夕食の後は、母はリビングを占拠していて、父は自分の小さい部屋でテレビを見ていて。弟も私も自分の部屋があって。結婚相手の家に挨拶へ行った時、その家はマンションだったんですけど、家族の距離感が近すぎて怖い、って思って。」

――実際結婚して、自分の描いていた距離感のとり方とは違うな、と思うことはありますか?

「結婚前に一年間、一緒に暮らして共同生活の形はできていたんで、それはなかったです。結婚しても、ただ戸籍が一緒になった、っていうだけなんですけど、銀行口座とか保険とか、私が全部名字を変えなくちゃいけなくて。何とか旧姓を残そうとしたんですけどダメで、そこですごく敗北感があって。」

――それは何に負けた感じですか？

「日本の制度に負けた、って。」

――相手が自分の姓を変えるっていう話には、ならなかったんですか？

「最初は、相手が私の姓に変えるって言ってたんです。でも、あちらのお父さんお母さんにそう言ったら、相手が私に弟がいるから、『川崎家を乗っ取ることになるからやめろ』って言われて。ここで喧嘩すると、せっかく結婚という制度を利用できそうなのに、破談になったら嫌だなって思って、あきらめました。でも、そのあとはちょっと落ち込んだかな。川崎として生きてきたアイデンティティを否定されたみたいで。」

結婚は幻想でなく制度

――川崎さんは子どもの時、私は結婚しなくていいんじゃないかな、とか思ったりしたことはありました？　もしくは、将来男性と恋愛結婚をするっていうイメージがなかった、ということはありましたか？

「いや、二〇代の時は、恋愛結婚をするんだなって漠然と思ってました。でも三〇歳を超えて、何となく結婚が現実じみてくると、『あれ、これって、なんかよく考えてみると嫌な制度だな』って思って。年を重ねると、好きな人もそんなにできなくなってきたし、『適当に一緒に暮らせるレベルの人と結婚して、結婚という制度を利用できればいい』ぐらいの感じで。五〇代ぐらいの女性と話すと、『自分は年齢なんて関係なくどきどきするし、好きな人と結婚するものだから』なんて言われたりするんですけれど、私はそれはできない、絶対、って思って。今好きでも、いつか好きじゃなくなるだろうし。」

——じゃあ、もし川崎さんが好きだと思う人ができても、いつか好きじゃなくなるから、その人とは結婚しようとは思わないんでしょうか？

「そうですね。もしそうなったら、今の結婚をそのままにして、不倫するかもしれないです。」

——離婚して、好きになった人とまた結婚する、っていうイメージじゃないんですね。今の関係を残したいと思うのはどうしてですか？

「今の相手とは安定しているので。恋をしていると気持ちの乱高下が激しいから、やっぱり、平坦な気持ちでいられる場所がないとダメ。相手も、好きになった人がいたら、全然そういう感じでどうぞって思います。」

——たとえば、すごく困ったことがあって誰かに話したりしたい、と思うことはありますよね？

「そういう時は、パートナーじゃなくて友だちに言います。前にたしか一回、『こんなことあってさ』ってパートナーに話したら、私が求めてない答えが返ってきて。『だって、それはこうだからじゃん』みたいな。おそらく正論を言われたんですよね。それで、もう相談しない、友だちのほうが事情もわかってるし、って。私はこんな感じで結婚しているから、相手は私と一緒にいることによって時間を犠牲にしていると思うので、これでいいのかな、っていうのはちょっと思います。」

——自分が結婚に対して思っていることを、相手と話し合えているわけではない、ということですか？

「そうですね。こういうメリットがあるから私は結婚する、というのは相手には言ってなくて。結婚相談所を通じて会ったから、結婚するのが当たり前、という感じで。性生活も私はするつもりがないし、もし相手が私じゃなかったら、子どもも持てたし、もっといろいろ話し合って楽しい生活ができたんじゃないかなと思うと、ちょっとした申し訳なさは感じますね。」

——子どもは、持たないつもりですよね。

「相手と同居する前に、私は子どもはいらないよ、みたいな話をしていて。子どもがいると、すごく大変じゃないですか。だから、私は絶対子どもは無理って言ったら、相手もそう言ったんで、じゃあいいか、って。自分たちはたぶん、あと五〇年ぐらいしか生きられないじゃないですか。自分は二〇歳ぐらいまでずっと親に面倒を見てもらってたので、ちょっと言い方が悪いですけど、自分以外の人に自分の時間を使うっていうのが、ちょっと勿体なくて、できないと思うんです。」

――たとえば、誰でも〇歳から子どもを保育所に預けられて、結婚相手も育児を一緒にやってくれて、大変な時は家事の代行とか育児サービスを安価で頼むことができたり、夜や休日も子どもを預けられる。もしそんな環境があったら、子どもを持とうと考えたと思いますか？

「いや、それでも考えない。ずっと関係が続いちゃうから嫌なのかな。自分の老後の面倒を見てくれるかも、っていうメリットも考えたんですけど、先輩にそう言っても、『そんな面倒なんて見てくれないよ』って。たしかに、きっとそうですよね。」

――子どもは持たないって、親に話したことはあります？

「母は、『そう』っていう感じですかね。こうしたほうがいいわよ、とは言ってこない。就職の時や大学受験の時は、こうしたほうがいいって、めっちゃ言われたんですけど。結婚とかに関しては、特に言われたことはないです。私の母は三〇代半ばで結婚してるんで、当時としてはかなり晩婚じゃないですか。その当時いろいろ言われて嫌だったから、私には言わないのかもしれないです。父もバツイチで結婚してるんで、結婚しろとは言うけど、それ以上の言葉は言ってこなかったりします。」

――結婚する理由の四割は親孝行、っておっしゃってましたね。それはやっぱり、親が結婚を望んでいると思ったからですか？

「親が望んでいるっていうのは、ひしひしと感じていて。結婚すると幸せになると思っているからだろうなと。」

——どうして結婚したほうがいいと思うのか、って話したことはありますか？

「そう言われてみると、ないですね。うちは母親が一番強くて、父親はいつも逃げている感じなんですけど。父が早く結婚しろって言ってきた時、私はお父さんみたいに我慢して生きたくないから嫌だって答えたら、父は『俺は全然我慢してない』って言うんです。

でも、父や母の同僚も、お子さんはみんな結婚したりしていて、そこはちょっとそろえてあげようかな、みたいな感じですかね。子どもは産めないけど。父も母も、私が一人でいると、そのうち野垂れ死ぬんじゃないかって不安だから、結婚をしたほうが安心すると思っていて。だから、介護ロボットとか、一人でも生きていけるような制度ができて、野垂れ死んだり、生活に困ったりということがなければ、結婚しなくても親は安心すると思います。私はまだ体も全然動くから、一人でいろんなことをやってるのが幸せなんですけど。親から見ると、それは心配になっちゃうから、とりあえず結婚して、そこだけはクリアしておこうかな、って。」

——ご両親の夫婦仲って、いったいどんな感じでしたか？

「なんか、私がちっちゃい時から、特に会話もせず、二人で旅行することもまったくなく、別々の部屋で同じテレビ見ていたりしてたんですけど。その距離感っていいな、って思ってました。お金の話をする時だけは、ちゃんと話してる。今月お金入ってないよ、みたいな。」

どこまで互いに支えあうのか

――たとえば、お二人のうち、どちらかが病気や障がいのために働けなくなったとか、寝起きや移動、排せつとかが困難になって、介護が必要だっていう状況になったら、その時はどうなると思いますか？

「また世間体の話になっちゃうんですけど、そういう状況で離婚して『冷たい』って思われるのは嫌なので……そうですね、相手は、たぶん障がいになった時はお金が出るようにしてるので。私は世話はできないから、介護施設に入ってもらって、生涯を終えてもらう、といった感じですかね。」

――そういう話って、結婚相手としますか？

「いや、しないです。今は健康に不安がないみたいで。」

――では、このまま歳をとっていくとして、今の関係のままずっと一緒にいようかな、っていう感じでしょうか？

「なんか、親が死んだら離婚してもいいかな、って一瞬思ったりする。もう責務を果たしたから。結婚っていう制度が、自分が思っていたよりも便利だったら、親が死んでも続けてもいいかな、っていう感じ。」

――今の時点で、親の安心と職場の反応以外で、「結婚してこれがよかった」ってことは、なんかありますか。

「ゼロです。むしろマイナス。姓が変わっていろいろ大変だったので。でも、好きだったり愛しあっているのではないので、結婚しなくても一緒にいようというわけじゃないから。やっぱり、結婚がベストだったと思うんですけど、もし老後の不安がなくて、結婚してない人が八割ぐらい、みたいな感じだったら、たぶん結婚していないと思います。」

——具体的に、どういう制度があったら結婚しなかったかも、って思いますか？

「揺りかごから墓場まで安心していられる制度ですかね。遺産が弟にちゃんと渡ったりするとか、自分が認知症になっちゃった後に老人ホームに入れてくれるとか、自分がケガとかをした時に助けにきてくれるとか。自分に何か危機があった時に、何かしてくれる制度が十分にあれば、っていう感じですかね。」

——いま結婚している相手は、自分の家族だな、っていう感じはあるんですか？

「戸籍は一緒になったけど、『家族になったな』という感じはあまりないですね。家族は血がつながっているイメージです。結婚はしていてもやっぱり他人だから、家族にはなかなかなれない気がする。」

——では、もし仮に、血のつながった子どもがいるとイメージしてみたら、子どもは家族ですか？

「子どもは家族だけれど、結婚相手は家族になるかというと、それはわからない。」

――「家族」の場合は、困ったら支えなければいけない、という意識はありますか？　たとえば、重病にかかったり、障がいを持ったり、貧困におちいったりしたら……。

「あります。責務、っていう感じですよね。」

――結婚は共同生活なので、相手は家族ではない？

「家族ではないけれど、戸籍は一緒なので、一応面倒を見る責任はあるのかな。病気とかになったら、たぶん助ける。」

――将来、歳をとっていって介護が必要になったら、その時は、お互いに助けあうイメージですか？

「自分では介護はしないで、サービスを満杯使ってやります。自分で面倒見てあげたいとは、ちょっと考えられないです。自分の親とか弟とかだったら、やってあげようかなと思いますけど。」

――相手の親に介護が必要になった場合は、どうしますか？

「礼儀として相手と一緒に顔は出し、やれることはやる、サービスを探す、という感じですね。自分を犠牲にして介護をする、ということはないです。その場合のお金は、ご本人たちでやってほしいです。」

——それは、自分の親にお金が必要になることがあったら、自分で出すつもりだからですよね。

「そうです。自分が重病や障がいを持っても、自分がためているお金で何とかしたい。相手にお金を出してもらうと借りができちゃうみたいで、逆に気を遣っちゃう。いろいろな手続きはお願いすると思いますが。」

——もし仮に、友だちのなかに困った時に支えあえる人がいたり、そういった手続きとかもやってくれるという人がいれば、結婚はいらないかな、ということはありますか？

「友だち……ですよね、制度とか、ロボットとかでなく。これお願い、ということを気軽に頼める友だちはいるけど、重たいことまで頼むのは申し訳ないような……。」

——仮の話ですけど、将来自分が働けない状況になって介護施設に入ることになったとして、もし自分の貯金で自分の生活を賄えなくなって、ご両親や弟さんも経済的なサポートができないとしたら、その時はどうしますか？

「なるべくそういう状況にならないように保険に入ったりしているんですけど、全然ダメってなった時は、相手に言います。同じ戸籍に入っているっていう強みがあるので、ある程度遠慮せずに、金くれって言えるのもメリットですね。」

——自分も相手がそういう状況になったら、そうするつもりがある？

「嫌だけど、そうする感じです。」

――本当に行き詰まったら、お互いに支えあうという意識はあって、それが安心感につながっている、ということでしょうか。

「他人だけれど、そこは制度がちゃんとしてないから、いたしかたない、というか。」

「婚」とはいったい何だろう

「婚」とは、いったい何なのだろうか。川崎さんと話していると、いい意味でわからなくなったので、思いつくことをいくつかあげてみたくなった。

①「家族」になること。
②姻族として親族関係の組織に加わること。
③子どもを育てるための基盤。
④性的に独占しあう関係。
⑤生活に必要な資源や労働を互いに供給しあうこと。
⑥相手を誰よりも優先すること。
⑦共同生活。
⑧法的(戸籍制度)に認められた関係。
⑨特別な関係であることの社会的承認。
⑩生活の安心を相互に保証しあうこと。

誰かと結婚する、あるいは周りの誰かが結婚していると言った時に、上記の①～⑩、場合によってはそれ以上の内容が、その関係のなかに前提として含まれていると思われるだろう。たとえば、私はパートナーと法律婚をしていないが、その関係には⑥と⑧以外のすべての要素がある程度含まれている。だから、現状ではそれほど法律婚との違いを意識することはない。他方で、川崎さんの「婚」には、上記の①～⑥までが含まれていない。

現在における「婚」という関係のなかに、このような形で無数のグラデーションが存在していくとすれば、それほどまでに異なる「婚」のあり方について、語り合うことなく誰かと関係を築くということが、はたして可能なのだろうかと思う。

川崎さんと話していると、自分がどう生きていきたいかということを真剣に考え、それを大切にしたいと思っていることが伝わってくる。一方で、「自分はこう生きたい」という思いを表にして誰かと語り合うということの難しさを、あらためて感じざるをえない。

なぜ「婚」についてあるがままの思いを語るということはこれほどまでに難しいのだろうか。たとえ生活の不安がない恵まれた環境にあったとしても、自分が深く関わっている人びととどう生きていくかということについて心ゆくまで語り合うことが難しいとしたら、そのような社会は本当に豊かで自由な社会だと言えるのだろうか。

（インタビュアー／石塚芳幸）

2 元夫はいちばん心地よい同居人

「婚とは何だろう」という問いを考える過程で、「離婚したけれど、元夫の方と一緒に生活している友人がいる」という話を聞いた。離婚したら二度と関わらないという雰囲気が支配的な社会だから、その試みは新鮮で、とても興味を惹かれた。どうしてこのような形態が選ばれたのか、その共同生活が持つ面白さや困難について、具体的な話を聞いてみたいと思った。早速その女性、佐々木ユキさん（仮名）にお会いすることにした。

どんな家庭に生まれてきたか

――まず、あなたの基本的な家族関係やお仕事などについて、お話しいただけますか。

「私は一九七四年生まれで、都内でデザイン関係の仕事に就いています。両親は九州出身。私は愛知県生まれで、名古屋近郊ののどかな自然の残っている所で伸び伸びと育ちました。

両親はちょうど団塊の世代。ものすごく抑圧されて育っている母なんですよ。なので、私にはその体験をさせたくない、『自立しなさい』的な教育を母から受けていると思います。私の世代は、結婚しない世代のスタートじゃないかと思われるくらい、親からの圧力を非常に感じて育っている世代です。母は、本当は大学に行けるほどの学力があったんですけど、女は短大しかダメ、短大すらダメという時代で、そういう時代に抗いながら短大だけは行かせてもらって、それを今でも恨んでいるというタイプです。その母とは今もずっと関わっていますが、とてもその存在が大きいというか、そこで反発しながらも生きてきた感じがありますね。」

結婚したくないけど結婚する

――いったん結婚はしたけれど、離婚をしてしまうというのは、なんかもとから結婚したくなかったところがあるのですか？

「子どもを産みたくなかったんです。環境問題とかを小学生の時に知りました。ＮＨＫのドキュメンタリーをよく見る家だったので、人口増加の問題を扱うドキュメンタリーとかを見た時に、このままではよくないという思いがあって。はたして人間が増えるとどうなるのか。子どもを産む必要はないんじゃないかと、小・中学校の時から思っていました。そういう話を周囲にすると、『いや、子どもは産まなきゃダメだ』って言われて。そういう感じでした。それで、結婚する時は、基本的に子どもを産もうとは思っていないっていうことを伝えてましたね。」

――何歳で結婚したんですか？

「私の場合、まずは結婚というよりも、すべてが逆で、家を先に買ったんですね。元主人とは、大学卒業後同じ職場で知り合って、同棲をし始めました。『結婚したい、結婚したい』って、彼からずっと言ってもらっていたのですが、でも夫婦別姓もない国じゃないですか。特に結婚にメリットを感じていなかったんですけど、それでも結婚したいって言ってもらえるのは、まあ嬉しかった。

その元主人と一緒に暮らすこと自体はすごい好きだったので、それまでは私の住んでいた家に彼が来てたんですけど、一人用の家なので狭いですから、二人で一緒に住む家を探そうということになったんです。そこで、お互いの両親に話したら、当時一ＬＤＫで一三万円くらいだったんで、そんなに払うなら買ったほうがいいと言われて、結果的に、どんどん結婚への階段を昇っていくことになるわけです。

でも、結婚する前から子どもは産みたくないっていうのは伝えていたし、元主人も子どもはそんなに好きじゃないって言ってました。」

――元夫さんのプロフィールは？

「私より一つ年下です。東京生まれ、東京育ちです。元主人の祖父母が縫製業をしていて、義父が後を継ぎ、働く女性たちもたくさんいたらしく、（元主人は）いろんな人に触れて育ったそうです。

元主人とは職場で知り合ったわけですが、デザイナーとして尊敬しています。好きなことに没頭でき、自分のオリジナル作品の創作にも意欲的です。人当たりがよくて、友だちが多いタイプの人ですね。」

――それでさっきの話に戻ると、家を買うという流れでしたね。

「家を買うとなると、やっぱり結婚しなきゃいけない雰囲気になるんですね。じゃあ、どうするのって話になり、自分は姓も変えたくなかったんで、二人の共同名義で半々で買いました。ただ、やっぱり元主人の両親から結婚式をしろとか、入籍しろとか、そういうのが多くて、面倒くさくて、面倒くさくて。夫婦別姓というか、会社では旧姓のままで通せるし、まあしょうがないっていう感じですかね。何で向こうの姓にならなきゃいけないんだよ、っていう葛藤もありましたが、籍を入れてもまた抜けばいいとか、そういうのもあったので。」

——結婚する前、いろいろ家族の圧力とかあると思うんですが、元夫さんと話し合ったり、喧嘩になっちゃったりとかあるんですか？

「向こうの両親が、別姓とかそんな議論をすることすらありえないような雰囲気で、面倒くさいなというのもあって。どのみち、すべては勝手に書き換えちゃえばいいわけで、面倒だけど後で旧姓に戻せばいいだけだから、と思っていました。それでも結婚さえすれば、何かメリットがあったような気もするんです。マンションを買う時の優遇税制とかがあるので、こういうメリットがあるなら入籍しようかなって考えた時も、たしかあった気がする。何かのメリットがないと、私は（籍を）入れないので、何か合理的な判断があったと思います。結婚後も、私はマンションのローンを一日も早く完済したかったんですが、それができていたので、しがらみもなく離婚できました。」

——今度は、その五年間の結婚生活について聞きたいのですけど。

「同棲と結婚は違うことがわかりました。元主人とは二三歳くらいから付き合いはじめてると思うんですが、楽しいんですよね。会社に入ってわりとすぐに付き合いはじめて、すぐに同棲をしたので、同棲と結婚ってことのすごい違いがわかりました。二九歳で入籍する一年かもうちょっと前、新しいマンションで同棲を続けていたその時が幸せのピークでした。自分は今、こんなにも世界一幸せなんだという思いがあって、相手もそれを自分で言うくらい本当に幸せな時間がありました。それが、新しいマンションを買って三年間くらい続いたんじゃないかなと思います。

でも、そこからやっぱり変化が訪れるわけですね。幸せは長く続かないといいますか。私はたぶんすごく好かれて結婚したんですけど、彼の愛は、七年くらい経ってからかな？だいぶ冷めてくるんですよね。たとえば飲み会が非常に増えてくるわけです。連絡もなく朝まで帰ってこない。私は、トイレでも電話できるよね、みたいなこと言って、喧嘩が始まる。メール一通送れば済むことだし、事故にあったんじゃないかと心配するからメールしてくれって頼むんですけど、くれないんですよ。結局、鍵を締めてチェーンをかけて、先に寝ることにしました。翌朝ドアを開けたら、彼は小さくなって、ドアの外で待っているんです。それでも改善されないんですよ。」

結婚をやめたら見えてきたもの

――離婚の原因は、生活面の問題なんですか？

「まさにそうなんです。その当時は、まだ私のほうが給料が高かったんですね。私は仕事もして稼いでいるのに、なんで家事の九割を私が分担し、彼は飲み会に行き帰ってこないのか、みたいなね。連絡ひとつ寄こしてくれれば寝られるし、心配もしないのにという、こっちの不満です。私が不満を抱え、怒り責めると、彼は心を閉ざしていく。その悪循環に陥った感じです。同棲している時は、家事の分担も、『そういう時は五分五分でやる』とか、いろんな約束をしなくても自然に手伝ってくれた。帰りが遅い私を迎えに来てくれたり、洗濯してくれたりとか。でも、この頃になると、自分が忙しかったり、飲み会が多かったりで、何もしなくなる。

いま振り返ってみると、この結婚生活を続けられなかった最大の原因は自分だとすごく思いました。頑張りすぎたと思うんです、仕事も家事も。やっぱり、きれいな家に住みたいし、おいしい料理もお菓子も作って食べたいし、身ぎれいにして仕事もやる、みたいな。それを全部やってたんですよ。そういう女性でありたいと。女性として仕事も家庭も完璧にやりたいと思って頑張っちゃいましたね。

でも頑張らなくなったら、途端に楽になって。当時は頑張りすぎちゃって、なんで私はこんなに頑張っているのに、相手はやってないんだとか思っていたのです。相手に、『(料理を) こんな品数作ってほしいなんて言ってないよ』と言われたこともあったんですよ。」

——なんで、そうなっちゃうんだと思いますか。

「さっき言ったような家事なんかも、相手のためだけじゃなくて、自分のためにもやっているのね。でも、自分のためにだったら、本来『私ばっか』とはならない。相手が一緒に住んでいるからこそ、やっている自分もいるわけです。共同生活者なんだから、家事を一人にやらせるなよって思っていたのです。

でも、今は違うんですよ。離婚してから違うんです。同居人なんですけど、きれいな家に住みたいほうが掃除をすればいいじゃんと。」

――今、どうなっているんですか？

「完璧主義の自分がいなくなったので、部屋が多少きれいじゃなくても余裕です。離婚をして法律的な関係性が変わったっていうのが一つの原因としてあるかもしれませんが、それだけではなくて、共に過ごす年月の積み重ねのなかで、関係性が変わったという面があると思います。たぶん歳を重ねていったら、もういいと思うんじゃないですかね。ケーキとかはオーブンが壊れてから焼いてないですね。」

――離婚して見えてきたものは？

「離婚したおかげで、こうやってみなさんと出会えたり、他の男性がどんなふうか、他の家の家族関係はどんななのかとか、見えてきました。男性と女性ということに関して、自分が両親から見てきたものだけじゃない。世の中そんな簡単なことじゃない。いろんな形があるんだってことに気づいて。まあ、本も読んだりとかしましたしね。

男性ってものが、女性とまったく違う生き物なんだってことを知らなかったんですよ。逆に、女性というものを知れたら、なんか楽になりましたね。なので、離婚がきっかけで少し世界が広がって、ああ、なるほど世界はグラデーションでできているから、白黒つけられるものじゃない。だから完璧主義なんてものはない。いろんなものが許容できるようになったっていうか。」

離婚したけど同居したい

「離婚の経過にもどると、私が離婚したいって言っても、なかなか相手は離婚を受け入れてくれなかったんです。私のほうも、『（そうは言っても）私はさみしがり屋だから、離婚してほしいけど、一人暮らしは嫌いなので、しばらく一緒にいてくれないか』って、私から頼んだんですよ。

私が離婚を望んだのは、婚姻届という紙きれ一枚でいかに心を縛られるのかという問題です。『ねばならない』っていうのが、なんかきっと植えつけられて発生するんです。結婚すると、まず他の異性と食事に出かけにくい。私は別にそういう関係じゃないと思っていても、どこかでそういう目で見られているみたいな感じが、いつも付きまとう。家事をたくさんしていたのも、やっぱり結婚したからでした。ところが、いったん離婚したら、一切料理しなくていいじゃないですか。

ちなみに、この離婚問題には、子どものこともかかわっているんです。子どもはいらないってスタートしたのに、もう三四歳になっちゃうから、私が欲しいみたいなことになったのです。そしたら彼が『いや、いらない』という反応になって離婚する、みたいな流れもあったのです。女の子なら欲しいけど、とも言っていましたけれどね。

離婚してから、彼がまた再婚したいって言ってくれたんですね。離婚してから半年か一年後くらいですかね。」

――離婚してさみしいから、もうちょっと一緒にいてほしいと言いつつ、性関係をなくすって難しいじゃないですか？

「籍を抜いた後も、性関係は、たぶん数か月はあったんですけど。彼から『離婚しても変わらないね』なんて言われたんで、私も怒って『変わるよ』って。すっとシャッターを降ろしてしまいました。
離婚したことは、ほとんど他の人に言わないようにしていたんですが、それでも会社では男性が多いですから、それなりに誘いがあったりして。『佐々木さん、独身になったの？』とか言われるわけです。そうすると、別の男性と出かけたりするんですね。そうした時、元主人は『どこに行ってたの？』と、最初は悲しそうにしてたんですけど、それも互いに徐々に慣れていきました。もちろん彼も、そうやって恋人ができるわけですよね。コロナの前までは、よく一緒に海外旅行に行っていたんです。それで、隣に座っていても、お互いに別のパートナーとかにライン送っているんですけど、彼がハートだらけのスタンプを相手に送っているのを見て、あっ、私には送ってくれなかったみたいな、なんかちょっと複雑な気持ちになりました、じっとりと。」

――今はどういう関係だと、自分のなかで位置づけているんですか。あえて、家族か、パートナーか、友だちかって問われたら？

「わあー、難しい。そのどれもなんでしょうね。でも、家族といっても血が繋がっていないですし。うーん、パートナーではないですね。でも、たぶん死んじゃったら、めちゃくちゃ悲しいと思います。想像しただけで泣いちゃう。一番面白い友人ですかね。友だちなのかな。ものすごく心地のいい同居人というのかな。」

――新しいジャンルですかね。

「あの、再婚したいって言われた時は、性関係は持っていなかったと思います。シャッターを降ろしてから、しばらく経ってからだったんで。性的関係を持っているゆえの拘束力みたいなこととか、いろいろあると思いますね。性的関係がないことが、すごくいいんじゃないかなって思います。

男性って、たぶん性的関係を持った場合とかに、その女性を独り占めしたいっていうのがものすごく働くんじゃないかって思うんですよね。」

——家族は一種の安全保障制度のように機能している面があって、相手が病気で倒れて働けなくなったり介護が必要になったりしたら、現実には経済的なことも含めて家族が助け合うことを求められています。もちろん離婚されているので、元夫の方は法律的には夫婦でも家族でもありませんが、長い間共同生活を送っている者同士として、そのあたりはどのように感じていますか。

「お互いに確認は一切とっていません。その時に考えるしかないと思っています。この先どうなっていくかわからないし、一緒に生活していないかもしれません。経済的にはマンションに関わることは一切私が払っていますが、彼からもらって支払っている部分もあります。今は彼のほうが、収入が多いので。もらわなくても全然問題ありませんが、もう一四年近く共同生活費としてもらっています。なので、経済的にはむちゃくちゃ楽です。家賃収入があるわけですし、光熱費もそうですが、アマゾンプライムなどのサブスクリプションも彼が入っているので、私は払う必要がありません。

その時の状況によりますが、何年も連れ添っているから、相手が病気になった時にまったく放っておくわけにもいかないと思います。」

――最後に一つだけ質問です。どんな生活をしていても、利点だけを得ることばかりではありません。失うものもある。普通、大多数の人は結婚という束縛・拘束と引き換えに安定性を得たいと考えています。仮に離婚すると得るものばかりだったら、なぜみんな早々に離婚しないのかということになります。

「子どもを産めなかったことは一つあります。もちろん、再婚してつくればよいのですが。あとは、大好きだった元主人の母と他人の関係になってしまったこと。もともと結婚指輪はしていませんが、離婚したことは、実家には自分からは報告していません。みんな気づいてはいますが。こういう関係を説明するのはなかなか理解を得られないので、面倒なものです。離婚すると、真っ当に生きているとは思われにくい。ですから、親しい友人には話せますが、普通の友人には話しません。

それから先ほど質問があったように、何かあった時に自分を支えてくれる人がいないという問題はあります。私の場合は、経済的に自立しているから離婚できましたが。同じように働いていても、元主人のほうが圧倒的に給料をもらっていますし、やはり経済的な問題はあると思います。」

「婚」ではない協同生活とは

結婚制度は、一対の男女関係に社会的承認と経済的安全保障を与える一方で、「～するべき」というさまざまな束縛を与える。同棲時代には自然に助け合って家事をしていたのに、結婚したために性別役割分担を無意識に相手に期待したり、自分自身もそれを内面化して、自発的に担ってしまったりする。彼女の場合も、本来良好だったお互いの関係は、婚姻関係になることによってギクシャクし、婚姻を解消する方向に進んだ。しかし肝心なのは、二人がここで絶交しなかったことだろう。

そもそも結婚という制度は、人間が生命として生き延び、生殖を通して次の世代を生み出していくことを第一義的な原理にしているのではないか。そして近代以降この制度を支えてきたのは、男女間の恋愛から始まる性愛関係を、人間の唯一の親密さの源泉として位置づけ、二人の関係とそこに営まれる家族関係を、他に対して排他的・優先的な関係であると特権化する思想だろう。

しかし、男性も女性もそれぞれが個人として自律し、生き延びるだけの経済力を確保し、生殖とそれに伴う養育に支配されずに生きる時間が長く与えられるようになった時、人間は結婚制度を離れて、多様な生を営む自由を得るのかもしれない。

だから「離婚したけど同居したい」という一見突飛な彼女の提案は、現代において十分リアリティのある提案だったのではないだろうか。なぜなら現実に、私たちの生は、もはや恋愛感情や性愛を通した親密さだけでなく、生活を共に創るなかで育まれる親密さ、言語的コミュニケーションを通した精神の触れあいが生み出す親密さ等々、さまざまな質の親密な関係性によって支えられているからだ。

そこで、彼女は相手を「生活を共に創り出すかけがえのないパートナー」、彼女の言葉を借りれば「一番心地よい同居人」と呼び、お互いの関係を選び直すことにしたのだろう。それまで共に生活し、喜びも苦しみも共有した経験は、恋愛感情や性愛関係とは別の、相手に対する揺るぎない信頼と親密さを育てたのだろうし、離婚したからといって、それを失うのは大きな喪失だと感じたのだと思う。

　二人が始めた新たな営みは、互いの人格を尊重し、性的なことも含めて対等・平等な個人としての自由を保証し合いながら、協同して生活すること。それは結婚制度における男女関係とは異なっている。その結果、二人はむしろ、いっそう深い人間的な信頼（友愛）を深めていったように私には思える。そうでなければ、その後一四年間も一緒に暮らすことはできなかったのではないか。性愛は当てにならないものだが、友愛は経験の共有とその積み重ねによって、着実に深化するのだろう。

　人間は誰かと親密な関係を築かずには生きていけない存在なのかもしれない。もちろん、彼女のような生き方を誰もが選べるわけではないだろう。経済的に自立していたことや子どもを持たなかったことが、彼女の選択を可能にしやすくした面はあるだろう。

　格差の拡大を背景に、経済的な安全保障に対する人びとの不安やリスクはますます高まっているし、多くの人が経済的豊さから見捨てられそうになっているのも事実だ。経済的な安定を求めて結婚を選ばざるをえないと考える女性は、これからも多いだろう。結婚制度のなかで苦しみ喘いでいる人びとにとって、二人の試みはどのように受け止められるのだろう。


（インタビュアー／小松　蓉）

3 私の人生に、夫はいらなかった！

家族がほしい、気の合う人と共に暮らしたいと思う人は多いだろう。たった一人で生きるのは不安があるし、生活のすべてをこなすのは大変だ。子どもを育てたいという願いもある。何より人生の喜びや悲しみを共有してくれる人があれば、どんなにいいか。性的な関係も含めて、そばで一緒に暮らしてくれる人がいたら、どんなにいいだろうか。

でも、そんな関係を願ってひとたび「結婚」を選ぶと、望んでもいない面倒や束縛に直面する危険が、少なからずある。気づけば、仕事に大半の時間をとられてコミュニケーションのとれなくなる夫、女性に当然のように割り当てられる家事育児ケアなどの無償労働、否応なく「身内」の境界を越えてくる夫の親兄弟。このような状況を仕方なく引き受け、自分が調整弁にならざるをえない、ならないと成り立たない生活が、現実の「結婚」にはあふれている。

人と共に生きたいと思ったら、この結婚の面倒を引き受けるのは当然なのだろうか？　問題だらけの現状の結婚制度でも、受け入れなければならないのだろうか？

ここに登場する山崎由美さん（仮名）は、そういう絶望感を一気に吹き飛ばすような暮らしをしてきた女性だ。結婚生活せずに二人の子どもを産み育てただけでなく、子育てのさなかに大学に社会人入学をして無事卒業し、世界を股にかけて仕事をやり抜き、いまや子育ても終えかけて、これからの退職後の生活を積極的に計画していこうとしている。

どんな人生観が、彼女をそうさせたのか。そこに貫かれた人生は、魅力に満ちたものだったのか。結婚生活なしの子育てや仕事が生み出す喜びと困難は、どのようなものだったのだろう。そこを聞いてみよう。

生き方の前提になったもの

——以前から由美さんの生き方は実に興味深いと思っていたので、これまでの経験を忌憚なく話していただければと思っています。ただ、この話が由美さんのように、バイタリティがあって例外的な境遇にある人だからやれたね、という総括ではない形で聞かせていただきたいと思います。まず、最初に基礎的な情報からお話しください。

「私は昭和三九年（一九六四年）生まれ。東京オリンピックの一か月前に横浜で生まれました。二〇二四年には六〇歳になります。

最近亡くなったうちの母は、宮城県の出身で、貧乏な農家の五人兄弟の末っ子でした。母が祖母のお腹にいるときに、母の父親が事業に失敗して、すごく借金を残して死んだという境遇でした。昭和七年生まれなので、一二、三歳の時に戦争中だったそうです。母の一番上の姉、私から見て伯母が、横浜でお金持ちの人と結婚したり付き合ったりしたらしく、その人を頼って横浜に出てきて、美容学校に行って、その後横浜でずっと美容師をしていました。うちの父は、同じく昭和七年生まれの千葉の農家出身で、七人兄弟の上から二番目でした。本人は勉強好きで、高校は行ったけど大学には進まず、その後すぐ親戚を頼って横浜に行き、海上運輸の会社で働いた。二人は横浜で出会って、恋愛結婚して、所帯を持って、私が生まれたというわけです。子どもは私と二つ下の弟の二人です。

父はずっと労働組合をやっていて、マルクスの本とかいっぱいうちにあった。共産党にも入ってたけど、出世もしたかったようです。やっぱし資本主義はダメ！　自衛隊もよくないとか、そういう話はよくしていた。だけど、家族内での平等や民主主義などということには、まるで意識なんてなかったです。

母は、子どもができてから一二年ぐらいは専業主婦だったけど、働きたい人だったので、また美容師をやりたいと言って、ブランクをなんとか取り戻そうとパートに行ったり、近場の美容院に行って働いたりしました。数年働いてお金を貯めて、千葉の自分たちが買った家のところに、椅子が二つくらいしかない小さな美容院をつくりました。母は、女も仕事を持って自立できたほうが望ましいっていう考えを持っていた人でした。私が小さい頃から、美容師を続けてればよかったとか、お金さえあればお父さんの無茶な言うことを聞かなくて済むのにとか、毎日ご飯を作んなきゃならないのは嫌だとか、いつも私にこぼしてたんです。だから基本的には、じゃあ男の人に頼らない人生もいいじゃんと、ずっとナチュラルにそう思ってたんです。そういう意味で、自分の生き方の前提には母の影響があったと言ってもいいですね。」

結婚してもいいかなと思ったけど、やっぱりやめた

――性関係、恋愛に対する考え方について、両親があなたに対して与えた影響はどうでしたか。

「パートナーシップとか結婚に関しては、母がそうやって結婚や夫の文句を言っている人だったので、そもそもあんまり過度な期待はなかったですね。でも、ハイティーンから二

○代にかけて、平気で（二四歳以降の結婚しない人を揶揄《やゆ》して）『クリスマスケーキ』とか言われていたし、結婚したい人はどんどん結婚していくし、やっぱり人並みに結婚するものなのかなとは思ってました。だけど、彼氏はいっぱいいたけど、結婚するチャンスはあんまりなくて、真剣じゃなかった。でも、婚約破棄は経験しました。

二四、五歳の時に、当時付き合っていた人から結婚しようって言われたので、あんまり深く考えずに、じゃあ結婚しましょうかと思ったわけです。ちゃんと婚約の儀式までやったんだけど、突然、私結婚するのは嫌だなと思って、やめますって言ったんです。そうしたらすごい怒られて、結納金倍返しということになった経験があります。」

――一度プロポーズを受けたのに、突然やめようかなと思った心のなかを、あえて今分析すると、なんだったのですか？

「結婚がしたかったんだと思います。なんかみんな結婚しているし、自分もするものだと思っていたんです。二五歳までに結婚すると、ちゃんとしたみたいな感じは確かにあったですね。だけど、いま考えると、相手の人は誰でもよかった。それなので、よくよく相手の人を見たら、えー、こいつでいいのか、と思ったんですね。相手のお母さんがうるさそうな人だなとか、お姉さんも細かい人だったりといったことも気になって、あーいやだ、面倒くさい、と思ってやめたわけです。結果的に、ひどく怒られました。

その頃、音楽教室のピアノの先生をやっていました。短期大学の経済学科を一九八四年に卒業したんですけど、ピアノはずっと好きで、高校生ぐらいまでクラシックも習ってたし、それからもバンドやったりとかで、ピアノは弾けたんです。それで、短大を出て楽器店に正社員として就職したけれど、楽器売り場で管楽器とかピアニカとか売ったりする仕事で、自分が演奏する仕事じゃなかった。そこに三年ぐらいいたんですが、周りの音楽教室の先生とか音楽をやっている人たちを見て、私もこっちのほうがいいやと思って、オーディション受けたら受かったので、音楽教室の先生になったんです。」

――男女雇用機会均等法(1)が一九八五年で、卒業したのがその直前だから、職場での男女平等といった雰囲気は少しありました?

「そういう雰囲気はありました。でも、現実の就職活動では、学校にくる就職票みたいなものに、スチュワーデスとか銀行の受付とかの仕事で、身長一六〇何センチ、容姿端麗とかいった条件が平気で書いてあった時代です。よく覚えているのは、就職した会社に寿退社(2)制度があった。寿退社にすると退職金が二倍くらいもらえるから、嘘ついて退職すればいいんだよとか言ってきた人もいたけど、いや、それバレたらやばいでしょと思い、普通に退職して、フリーランスのピアノの先生になりました。いろんな楽器店を紹介してもらって、そこに集まった生徒に何曜日の何時から教える、という仕事です。七~八年やっていたのですが、仕事をいっぱいやれば収入が増えるけど、一週間で働ける時間も限られているから、もうこれ以上やっても何も進展しないなってちょっと思い始めた頃に、国際協力関係の募集広告を見る機会があった。あ、これ面白そうと思って、また深く考えずに飛びついたわけですよ。募集説明会に行って、ああ、なんて面白そうなんだとか思って、そこで試験受けたら受かったので、中東のA国に行かせてもらうことになったのです。二九歳の年でした。」

(1) 日本の女子差別撤廃条約批准を直接の契機として一九八五年に制定、一九八六年に施行。企業に対し募集、採用、配置、昇進に関する男女の機会均等を義務づけ、教育訓練、福利厚生、定年・退職・解雇に対する男女差別を禁止した。

(2) 結婚を理由に退職すること。一九八〇年代において女性会社員の多くは、男性と同様に定年まで働くことが期待されず、また結婚・出産後も働き続けられる制度も整っていなかった。そのため結婚により退職する女性が多かった。

――少なからぬ人が三〇歳までの間に、これから先どうしようかという、かなり根本的な人生の模索に入るようですね。

「たぶん、そうなんですよ。私も一人で生きていかなきゃいけないけれど、この音楽教室の先生をやっても、お金も稼げないし、出世するわけでもない。あんまり出世欲はなかったんですけどね。バンドもやってたけど、プロになれるかといったら、才能はないなって自分で思ってました。当時付き合ってた彼と結婚するというのも、どうかなと思っていた。

A国に行くちょっと前、二八歳ぐらいの時に結婚の話がありました。その時は同棲していて、結婚しようと思っていたのだけど、試験に受かっちゃったので、『私、A国に行くから、じゃあ』となってしまった。

A国に行く前に（一人目の子どもの父親である）山崎くんとちょっと付き合っていて、その時、婚約・同棲していた人とは別だったのです。自分でも身持ちの悪い人でごめんなさいと思うんですけど。それで、A国から帰って一年ぐらいは日本にいて、アルバイトしたり保育士やったりしていたんですけど、国際関係の仕事をやりたいなって漠然と思ってたところに、A国でコーディネーターの仕事があることがわかり、これならできそうって。それでコーディネーターの試験を受けたら合格して、もう一回A国に行くことになったんですよ。その時に、配偶者だとA国にタダで行けるから、じゃあ結婚して籍入れてみる？ということになって、山崎くんと結婚したんです。

そのさいに、姓は私の旧姓にする？　それとも山崎にする？　って聞きました。彼は結婚制度にあまり肯定的ではなく、姓にもこだわりがなかったので、一〇円玉の裏表で決めていいよって言って。山崎のほうだったので、とりあえず山崎姓にしました。それで、私が三年間A国に行ったけれど、山崎くんは日本にいた。でも、その間に彼がA国に来た時に、妊娠したことがわかったのです。そして、二〇〇〇年に長女が生まれ、二〇〇一年に業務が終わって帰ってきました。それからまた、国際関係でいろいろ仕事をしていました。その時に、別の人とちょっと付き合って、また子どもができて、という具合でした。その妊娠が発覚した時、山崎くんとはまだ離婚してなかった。山崎くんの子どもじゃないのが歴然としていたので、中絶しなくちゃと思ったんです。それで産婦人科まで行ったんだけれど、ふとその時、こんな理由で中絶したら可哀そうだよな、と思ってやめました。やっぱり産んだほうがいいんじゃないかって、突然思っちゃったのね。で、病院の先生に『私、中絶はやめます』と言って帰ってきて、下の子を産んだんです。

でもね、産んだことも山崎くんは知らなかったんです。そもそも、山崎くんとは一回も一緒に暮らしたことがない。A国で数週間、彼が来ている時に暮らしたことはあったけど、基本的に夫婦としてちゃんと暮らしたことはない。それに、山崎くんとはあんまり結婚の意味とか義務とかについて、きちんと話したことがないように思う。話したのは、結婚したら夫なのでA国に来られるよ、っていうことです。

山崎くんは、一人目の子が生まれたことに関して、最初は喜んでましたよ。でも、私が二人目の子どもを妊娠して、日本で産んだ時、どうして山崎くんが知らなかったのか、よくわからないままでした。でも、二番目の子を、その当時付き合ってた別の彼に認知してもらわなければいけないので、山崎くんとは離婚しなきゃいけなくなった。それで裁判所に行くことになった。再婚禁止期間は六か月なんだけど、裁判所で調停をやり、山崎くんの子でないことが証明されて、別の彼の子どもだってことになって……。結構、泥沼だったんです。でもね、子どもが生まれた時はエネルギーがあって、生まれてすぐくらいに家庭裁判所に行って、いろいろやった覚えがあります。

まあ、子どもを認知してもらうために必要だったので、離婚したという感じですね。だけど、山崎くんにしてみれば、一緒に暮らしていたわけでもないけど、子どもとはときどき会っていたから、すごい不満があって、なんでそんな突然離婚するんだという話になって。だから、養育費もいらないからいいよと言ったんだけど、なんか文句は言っていたと思います。そんなわけだから、最初から私自身が山崎くんと一緒に暮らして養育をしてもらおうっていう感じはあまりなかった。」

子育ての援助者は夫でなくてもいい

「それには、もう一つ理由があった。私には強力な支援者として母がいたのです。全部やってくれていたので、とても助かっていたんです。最初は、もうあんたみたいな人は親戚中探したっていないわって、母からもいろいろディスられました。親戚のおばちゃんには、あんたがやっている唯一のいいことは子どもを産んで、孫をつくったことだけよ！　お母さんに感謝しなさいよ！　と言われました。それに対しては、母に感謝しています、と答えていました。いろいろ言われたけど、あんまり気にならなかったです。

それで、二人目の子を産む時点で、もう仕事はできないな、いくら母がいるとはいえ保育園に入れなければいけないな、と思った。そこからいろんなことを一気にやり始めた。まず大学に行こうと思い、二人目の子がお腹にいる時に、国立大の生涯教育課程の試験を受けたのです。その子が二月に生まれて、四月から入学できたので、大学生になった。大学生になれば子どもを保育園に入れるのも楽だから、というのも大学進学の一つの理由です。収入がないから、生活保護も申請すればもらえたのかもしれないけど、生活保護はあんまり頭にありませんでした。児童扶養手当をもらい、そうすると優先順位が上がるので、すぐ保育園に入れ、なおかつ時間も長く預かってもらえた。その時、私は塾の先生のアルバイトをしていたので、月一二、三万は稼いでるし、実家にいて家賃がいらないので、なんとか生きていける。そのうえ学費は授業料免除になるんですよ。そんなわけで、結構いい状態だなと思っていました。すみません、全部税金使って。」

——子どもの養育という点では、お母さんと自分とで一生懸命にやったという感じなんですか?

「でもね、子育ての間じゅう、私は母とは喧嘩ばっかりしていたので、一緒に住みたくなかったんです。それなので、海外に行く時は子どもを連れて行った。たまたま、一五、六年前に亡くなった母の姉が住んでいた小さい家が、同じ敷地内にあったんですけど、その家が空いていたので、そこに住まわせてもらって。そうはいっても、基本的には母が全面的に協力してくれて、いつでも助けてくれるっていう感じでした。父がまだ家にいたので、二人で孫を育ててくれたのかなと思います。だから、うちの子たちはおじいちゃんとおばあちゃんが大好きでした。」

——パートナーや夫がいないと、どうしても養育が困難だなっていう判断にはならなかったんですか？

「私の場合、二番目の子の父親とは、半年もなかったんですけど、数か月ほど一緒に暮らしてたんですよ。ところが、その時、この人の世話もすることになるなら、子ども二人だけの養育のほうが全然楽って思ったんです。パートナーは、もう一人の子どもというような感じで、三人の子どもがいるとなれば、三人分のご飯を作らなければいけないじゃないですか。パートナーは、私が料理作ってよって言えば作ってくれるけど、ちゃんとやらないから一〇〇%任せられない。この人、家事やってるとか言っても、やっていないよねという感じで、私自身が気に入らない（笑）。私は気が強くて、その彼とも喧嘩ばっかりしていたので、上の子が喘息になっちゃって、なかなか治らなかったんですよ。治療のために、いろんなこと言われてやったんだけど、どんどん悪くなっていった。そこで、絶対こいつと一緒に生活しているからだと思って、ある日、大学近くのマンションを自分で勝手に借りて、一週間ぐらいで荷物まとめて出ていっちゃったの。それで研究室の人たちとルームシェアして、しばらく、一緒にシェアした仲間が子どもの面倒を見てくれた。そしたら、子どもはぴたっと喘息が治り、元気になったので、よかったたって思いました。

彼がすごくいい人で、いいパートナーだったら、もっと長く暮らしたかもしれない。でもね、たぶん私がダメなんだと思う。家事のことだけじゃなくて、世界の捉え方や人生の考え方とかについても、相手を追いつめるようなことを絶対言ってしまうので、そこが、たぶんダメでしょうね。たとえば男女の話にしても、政治の話にしても、同じニュースを見たりした時に、相手に対して、なんでそんな考え方するの？　と思って、相手との間に溝ができてしまう。まあ、映画とか音楽の感想だったら違っていてもいいんですよ。だけど、ニュースに対しての立ち位置とか、政治に対しての立ち位置とかがあまりにも違ったら、ひどく腹が立つので嫌になる。」

——この本を作っている仲間でいろんな年齢の男女がいるのだけど、その女性陣が言ってるのが、パートナーとは他のことでいろいろ揉めるけど、なんか政治の話では合うねっていう点です。政治家の悪口を言っている時が、二人にとって一番空気が穏やかなくらいで。みんな政治的なスタンスが合ってるので、どうにか騙されているんじゃないかって（笑）。

「そこが、たぶん全然ダメだったので、嫌になったんです。私はもともと、パートナーがあんまりいらなかったんですよ。とはいっても、恋愛は大好きだったので、性的な相手はいっぱいいましたが。それで今は、少しずつ歳をとってきたので、あんまり性的欲望がなくなり、そのとたんに、あんまり恋愛をしたくなくなった。それまでは、とりあえず誰か彼氏がいないと寂しいっていうのではないけれど、なんかすごく恋愛をしたかった。でも、いま考えると、あれって性欲だったんだなってすごく思う。うちは今、娘たち二人が家を出て、まったくの一人暮らし。いろいろな形でお友だちはいるし、犬も飼っているし、全然それで満足で、あまり寂しいとは思わない。みんなはなんで無理してくっついてるんだろうと思う。」

——そうすると、個人差があるけれども、由美さんのような場合だったら、両親のような最終的な養育の補助者がいさえすれば、必ずしも男の人と結婚して同居するっていうことが必要ではない？

「婚姻、結婚という制度に乗るか乗らないかといえば、乗る必要はまったくないです。やりたい人は、やればいいと思うんですけど。わざわざ役所に届けを出すことで、なんかいいことあるのかなと思う。まあ、税金とか相続とかでは必要性があるのかもしれないですけど、それ以外のところだったらあんまりいいことはない。生活の面でも、別に力仕事も自分でできると思うので、あんまり必要だと思わないです。

パートナーシップという点で少し話をすると、私、田中美津さん(3)の鍼灸院《しんきゅういん》に通っていたことがあって、すごい話が合うんですよ。彼女も歳をとってから、老後のパートナーとか好きな人はできるかもしれないけど、でも、ずっとパートナーといると、互いを追い込んでしまうし、許せないことが絶対出てきて、今までの自分を変えることは難しい、というような話をしていました。」

――その美津さんの話にあるように、決してロマンチックラブみたいな感情や考え方がないわけじゃないんだけど、だからといってパートナーになるということとは繋がらないんですね。

「私はまさにそういう考え方で人生をやってきたので、恋愛はするけどパートナーにはならないんです。でも、それって、なんか刹那的《せつなてき》なのかしらとか思うけど。

たしかに、子どもを育てる時に一人では大変だから、収入の面でも、体力の面でも、パートナーがいるほうが絶対いいとは思いますよ。でも、歳をとってからパートナーが欲しいとかいう話も、よくあるじゃないですか。私にはあんまりよくわからないんです。もっと歳をとれば、そう思うのかもしれないですけど。

(3) 田中美津(一九四三～二〇二四)。一九七〇年代のウーマンリブ運動を先導した人物。「妻」「母」といった社会に規定された女性像を明確に拒否し、母性も性欲も併せ持つ総体としての自己の解放を目指した。一九八〇年代より鍼灸師としても活動した。

うちの両親を見ていると、父なんか何にもしないで、ただ座ってテレビを見ながら、ご飯を食べているだけだったし、母はよいよいしながら、ご飯作ったり掃除したりしてたわけです。こんなふうだったら、パートナーはいないほうがいいんじゃないかって思ったりします。まあ、父は楽ちんでしたよね。ご飯は出てくるし、なんでもしてもらえるから。だったら、生活のことが自分でできれば、一人でも何も問題ないかな、と今は思ってる。いつか寂しい時がくるかもしれないけど。」

――結局、コミュニケーションできるパートナーを、結婚の制度を超えてずっと持ち続けられる関係って、どういう形でありうるのかという問題のような気がします。あとは、実際の生活で、少し体が不自由になったり、病気になったりした時に、誰と助け合うのかっていう問題ですね。

「そうですね。そこですね。たしかに、動けなくなったり、あんまり体が利かなくなった時に、本当に一人で大丈夫なのって。誰と助け合えるのか、っていうのは確かに大事かなと思うけど、どうするのだろうね。きっとこれから、そんな人がいっぱい出てきますよね。」

――結婚がコミュニケーションの邪魔になる可能性があるって考えると、むしろ、由美さんのやり方のほうが、自分で選べるからいいんじゃないかな。由美さんのお父さんとお母さんの話を聞いても、ずっと一緒に居続けると、お互い体が不自由になったとかいう段階の時に、手を離すっていうのも難しいじゃないですか。なんかもう一緒にいたくないとか、うんざりだと思っても、相手が大変な状況の時に手を離すのは人としてひどいよな、と思ってしまう。でもそうなると、子どもは成長すれば手を離せるけど、パートナーの手は離せないのか、どこで手を離したらいいのだろうって思う。

育児の費用はアイデア勝負

——由美さんが話してくれたことは、とても興味深く納得できるのですが、一方で、やっぱり男のパートナーがいたほうがいいよな、と思っている女の人も多いように思います。もしかすると、単純に労働力の問題で、仕事をしながら子ども二人を養育するっていう、両方を一人でやらなきゃいけないのはしんどいな、っていうことかとも思うんですが、この点はどうでした？

「経済的な面は、たしかにダブルインカムのほうがもちろんいいですよね。うちの子たちは、塾も行ったけれど、お金がなかったから、海外留学とか私立の学校にどんどん行ってもいいよとはならなかった。なるべくお金をかけないように、そこは私が戦略的に考えた。自分の仕事を在外にしてインターナショナルスクールに入れれば、勤務先がお金を半分ぐらい出してくれるから得かなとか、海外に行くとちょっとお金も多くもらえるので、そういう道を選んでいこうかなっていう感じでやってきました。みんながそうできるわけじゃないのは確かだけれども、いろんなやり方があるから、そこらへんはアイデア勝負かなって気はする。お金はなくてギリギリだったんですけれど、こうやって、ピンチもかわしつつやってきました。だから、あんまり貯金はないです。」

——そうすると、精神的な安定のためには、別に男の人が必要だっていう観念はなかったということですか？

「だったら女の人がいいです、私。ま、男の人でもフェミニンな人はいいかなと思いますけど、基本的に女性のほうが話しやすい。男の人はよく観察しないと、差別主義者だったり、マッチョな人だったりする。そうすると、心を割ってあんまり素直に話せない。まあ、たまに優しい男の人もいるので、そういう人とは仲良しになったり、友だちもいますけど、やっぱり女の人のほうがいいです。そんなわけで、ステディな男の人はいらないですね。別にそんなにセックスもしたくないし、なんで必要なのかと思いますね。今のところ、あんまりいらないかな。」

「結婚」って必要だろうか

山崎由美さんは「結婚」を拒絶しているわけではない。二〇代前半まではなんとなく「結婚するものだ」と思っていたし、実際二回目にA国へ行く時に結婚している。そして現在名乗っている姓は結婚相手のものである。けれど「結婚」に情緒的な何かを期待していない。婚約時に現実の「結婚」を垣間見て、瞬発力を発揮し直前で回避している。山崎くんと入籍した理由は、配偶者になるとA国まで旅費などが出るからで、相手とはほとんど同居していない。便宜的な「結婚」だ。

それでも、子どもが生まれたら本格的な「結婚」生活に移行することを考えてしまいそうだが、由美さんはそうではなかった。一人目の子どもが生まれた時は法的に「結婚」していたけれど、海外でも日本でも山崎くんとはほとんど一緒に生活しなかった。二人目の子どもが生まれた時は、子どもの男親と一緒に暮らしたけれど、数か月で別れて別の場所に住み始めた。結果的に、子どもたちの男親は、由美さんの子育て生活のパートナーとはならなかった。

人が「結婚」に求める要素、重視する要素はさまざまだが、もしそれぞれの要素が「結婚」以外のところで満たされるのなら、「結婚」は必要ないのだろう。むしろ「結婚」のパッケージに、その人にとって不要なもの、負担になるものが混じっている場合も多い。

由美さんは、恋愛や性愛を結婚に縛りつける不自由さからも、子育てや経済的負担を結婚と結びつける依頼心からも解放されている。もちろん、そんな単純に思いきれることばかりではなかったろうし、苦労や困難、数々の闘争があっただろう。

それでも、経済的にも体力的にも困難が伴うと想像してもなお、由美さんのような家族のあり方が可能なら、そうしたいと思うことはないだろうか？　つまり、家計や家事育児において、最初からパートナーに期待をせず、恋愛や性愛を、生活の必要や家族に結びつけなくていい家族のあり方だ。

子どものいる家族と大人だけの家族では、家族に求める機能が大きく異なる。一緒に子育てする際のパートナーシップと、お互いが親密な関係でいたい場合のパートナーシップは、求めるものがまったく違う。由美さんの家族のあり方に魅力を感じるのは、この二つの矛盾に悩まなくて済むからかもしれない。

そうだとしたら、子どものいる家族には「結婚」は必須ではないのではないか。一緒に家事育児を担う相手が必要だというなら、最適な人間が子どもの親であるとはかぎらないし、男性と女性である必要もない。

セックスをしたい相手と、自分の心の内や世界の出来事を語り合い信頼し合う相手と、一緒に生活を担っていく相手。どの相手にも「親密な」という修飾語をつけることができるが、この相手が同一人物とはかぎらない。むしろ一人の人物が、これらの要素すべてを備えているのは稀ではないか。

実際にパートナーがいる人は、頭のなかではそんなことはわかっていて、みんな「結婚」を勝手にカスタマイズして、現実に対応しているのではないかと思う。

もしかしたら、現実の「親密」な関係は多種多様であるのに、現在の社会規範として「親密さ」を公的に保証する仕組みが「結婚」しかないことが、現実を困難なものにしている一因かもしれない。

（インタビュアー／名村優子）

4 血のつながらない〝かぞく〟で暮らす

血縁と家族（かぞく）

家族は、多様化していると聞く。それは共働きの増加によって、これまでの夫が稼ぎ、妻は家事・育児を家で担うという近代家族のカタチが崩れはじめたこと、加えて、離婚（いまや三組に一組は離婚を経験するという）した後に別のパートナーと子連れで形成されるステップファミリー（子どものうち約六％が親の離婚・再婚を経験するという）、パートナーシップ・ファミリーシップ制度のような同性でのパートナー関係や、同性パートナーと子どもの関係など、そのカタチはまさに多様になりつつある。これまで、家族と聞けば、男女とその間の血縁に基づいた子が連想されがちだったが、そのようなイメージももはや古いものなのかもしれない。どうも家族の族という字は、「血つづき」を意味するそうで、その関係に血縁を内包してしまうのだが、上記のような多様な関係性を前提に考えるならば、家族ではなく「かぞく」のほうがより的確で、時代にあった表現と言えるだろう。

この「血」というものに、実は私はあまりよいイメージがない。高校時代以降、自分の親子関係が悪化し、とくに父との間で衝突があり、家から逃げるようにして大学の進学を機に一人暮らしを始めた。単なる反抗期と言われればまさにそのとおりなのだが、当時の私は、なんで血がつながっている親との関係がうまくいかないのか、と悩んでいた。血がどうとかの前に、親だって、そしてもちろん子どもだって、一人の異なる人格を持った他者なのだ、という当たり前の気づきに出会うまで、そこから数年の時間を要した。そのような私だから、血縁へのこだわりが強い人や人間関係のなかで血縁に基づく家族が一番大事といった話を聞くと、頭にハテナがつくし、不妊治療を経験した友人たちの言う、自分の血がつながっている子どもでないと愛せる気がしない、という考えも正直よくわからずにいる。

物理的に血縁関係がなく、形成した「かぞく」があるならば、血なんてものにこだわらず、一人の異なる他者として関係をつくれるのだろうか。そして同時に、血というものを間に挟まない関係に特有の葛藤や問題というのはあるのだろうか。「非血縁かぞく」を経験した村田さん（仮名）へのインタビューを通して、血と家族（かぞく）という問題について考えてみたいと思う。

こんなふうにして「かぞく」になった

——まずは、ご白身の今の「かぞく」になるまでの経緯を教えてください。

「ぼくは今、三〇代半ばです。今のパートナーとその子どもと出会ったのは、もう一〇年以上前のことです。当時子どもは三歳くらい。もともとパートナーとは友人関係で、共通の友人もいて、子どもも含めてよく一緒に遊んだり、食事会をしたりしてました。で、その後、友人であった彼女が離婚を経験し、ちょっとした偶然から、ぼくといわゆるお付き合いをすることになりまして。それから二人で会う機会もありましたが、子どもも含めて三人で過ごす時間が増えていきました。お互いの家を行き来したり、遊園地とか公園で三人で遊んだり。まぁ、もう一〇年以上前なので細かいところまで覚えていないのですが、強烈に思い出として残っているのは、どっかで三人で遊んだ帰り際の出来事で。一緒に遊んだのが楽しかったのか、子どもに抱きつかれてぎゅーってされて、バイバイって耳元で言われたときに、きゃーって。サバ折りっていうんですかね。こっちもかわいくてうれしくて、腰が抜けて立ち上がれなくなるほどで。そんな出来事があってからですかね、三人で一緒に暮らしたいなって意識するようになりました。

それからちょっとして、二人に提案したんです。三人で暮らしませんかって。で、子どももいいよって言ってくれて三人暮らしが始まり、今に至るという感じです。それからもう一〇年以上たち、いまや子どもは高校生になりました。」

――三人での暮らしが始まってから、何か気をつけたことはありましたか？

「そうですね。まずお互いを何と呼ぶかという問題があったように思います。一緒に暮らすことになったとき、子どもが明に暗に不安がっていたのは、ぼくが父親になりかわるのではないか、という懸念でした。実の父親とは離婚後も定期的に子どもは会っていましたし。だから、ぼくが父親になりかわり、実の父親と会えなくなるんじゃないかって不安があったように思います。それを感じてたから、パートナーとも相談して、ぼくの呼び名はあだ名で通すことにしました。子どもの友だちとかの前でも、それはずっと変わりませんでしたね。なんかね、子どもの友だちたちも何の抵抗もなく、ぼくをあだ名で呼んでくれてました。

当時、いわゆるステップファミリーに関する書籍を読むと、継親子《けいおやこ》関係を経験した子どものへのインタビューがいくつか載っていて、強烈に継親や実親に不信感を抱いた経験が語られていました。それが嘘と躾《しつけ》に関わる問題だったと記憶しています。

ようは、一緒に住むことになったから、いきなりパパないしママと継親を呼びなさいと実親に言われたとか、継親がこれまではそんなことなかったのに、一緒に暮らした途端、勉強しろだの、箸の持ち方が違うだの言うようになった、といったケースです。それを言われた子ども側は、なんで？　って反発心や猜疑心をもったと語られていました。それを読んで、そりゃそうだよなって。距離感の縮まり方って、ふつうの友人関係と同様に段階があるものだし、子どもからしたら、ただ一緒に暮らしはじめた、というその事実があるだけだから、お互いの呼び方も、注意とか躾とかも、いきなり決めつけられたり、詰め寄られたら嫌だよなって。

子どもって、ほんとうに聡いし、やさしいから。もし自分の実親が一緒にいたいと思った人――つまりここでいうなら継親ですね――との関係が悪くなるようなことって、嫌な気持ちがしたとしても胸のうちにしまっちゃうんじゃないかな。慮《おもんぱか》っちゃうというか。

だから、身体的にも言葉の上でも、急接近しないように気をつけていました。暮らして一年か二年くらいたってからですかね。子どもがぼくに飛びつくようになってきたり、ぼくと本気のケンカをするようになってきました。だんだん、気を遣われない関係になってきたなって思えて、安心したのを覚えています。」

――「勉強しろだの、箸の持ち方が違うだの言う」時って、子どものためだと思っているのか、親である自分のためなのか、よくわからないことが多いと思うんです。そんなにきれいに切り分けられるものではないとも思うんですが、私は「親」だから言ってしまっているな、と思うことがあるんです。純然たる「保護者」だと、そのわからなさに対する向き合い方がまた変わってきたりするんでしょうか？

「たしかに、自分のためか、子どものためか、わかんないときってありますよね。たぶんぼくの場合、躾とか注意のようなもの、子どものためを思って言う言葉に、どこかしらストッパーがかかりやすかったのかもしれません。でも、ぼくだけが家事やってて、つらくなってきて、怒りとともに『手伝ってよ‼』っていうようなことは、ほんと多々ありますよ。これは完全に自分のために出る言葉です。でも、いい意味でも悪い意味でも、子どものためにと思って言ってない。困ってるから助けて、ってことで。よく、親の顔が見てみたい、みたいな話、あると思うんですけれど。子どもができてないとき、マナーが悪いとかは親のせいってことだと思うんですが、その点もとから親じゃないし、他者だから、いい意味でそういうのから自由かもしれません。その視線がパートナーにいくわけだから、パートナーからしたら無責任かもしれませんが。」

――いわゆる事実婚だそうですが。

「そうです、そうです。一番の理由に挙げられるのは、戸籍というか名字の問題ですね。もし仮に、ぼくとパートナーが法律婚をすると、ぼくの名字かパートナーの名字かになるわけですが、パートナーが名字を変えた場合、当然子どもの名字と異なってしまう。じゃあ子どもとぼくが養子縁組をして、子どもの名字も変えるってなると、子どもの負担感が強いですよね。そしてたぶん嫌がると思うんです。残る選択肢は、ぼくがパートナーの名字にってことですが。結構多い割合だそうですが、子どもの名前のことを考えて、離婚後も、離婚前の名字を使っている女性って多いみたいで、ぼくのパートナーもそうなんです。そうなると、ぼくはパートナーの前夫の名字を名乗ることになるわけで、それはそれでだいぶ抵抗感が出てくる。縁もゆかりもない人の名字になるわけですから（笑）。

そんなわけで、ぼくたちはずっと法律婚をせずにやっています。では、選択的夫婦同姓・別姓制度が入ったらどうかというと、うーん、それでも法律婚をする気にはならないですけれどね。たぶん。それは、なんとなしに名字とかとは別の問題です。ま、今のところ、困ったことってないんですよね。たとえば子どもの緊急連絡先も別に名字が違ってても書けるし、病院などの付き添いも困ったことはないです。ただ大きな手術をするようなときは、ぼくの署名じゃ難しい場合もあるかもしれないですが、実親であるパートナーが書けば何の問題もない。税制上うちは共働きだから、配偶者控除などはそもそもつかない。

唯一残る懸念は緊急時のお金も含めた対応ですが、一応お互いを受取人に生命保険に加入していること、あとは最後の手段として、お互いがサインして準備を済ませた婚姻届をタンスにしまってあります。加えて、ぼくは遺書を書いていて、もし死んだ場合は、全財産を①パートナー、②パートナーが死んでいる場合は子ども、に譲るとしています。」

誰かと生きる理由が、なぜ血縁だけなのか

——このようなかぞくをやっていくのに、何か特有の葛藤はありますか？

「いま振り返ってみると、いくつかやっぱりあって。独特の、といいますか。一つは、ふつうの子育てって、子どもが生まれて大きくなって、で、おそらくそのたびに協力しなが

ら、だんだんと暮らしが変化していったり、つくっていくわけだと思うんです。育休とったり、仕事の量を調整したりとか。うちの場合、というかぼくの場合、一緒に暮らす前はずっと一人暮らしだったので、家事や料理その他なんでもできたわけですが、一人暮らしの感覚を変えるのにやっぱり葛藤と時間を要したなって思います。いきなり小学生の子どもとパートナーとの暮らしが始まったわけですから。自分のスケジュールは管理してても、パートナーや子どものスケジュールを把握するなんて思ってもみなかったし、ふらっと自由に飲みにいくとか、遊びにいくなんてことも当然できなくなるわけで。

だから、その点の想定をまったくしてなくて浅はかだったとしか言いようがないですね。恥ずかしながら。たぶんこの点でパートナーも葛藤や怒りがあったと思います。暮らしの協力者としてぼくをどれだけ当てにしてよいのか、と。当然ケンカも起きたりして。あ、このままじゃダメなんだって。生まれてはじめてですよ、手帳もったの。で、その手帳にパートナーと子どもと自分のスケジュールを入れるようにして、自分とパートナーの仕事に合わせて、子どもの用事や習い事なども念頭に入れて家事を分担してって。」

――自分のためにやる気まぐれ家事と、他人《ひと》のスケジュールに合わせて衣食住を整える家事って、まったく別ものですよね。

「この二つが、同じ『家事』という言葉でよいのかなって疑問をもつくらいです。朝早く起きて、洗濯機まわして、朝ご飯つくって、子どものお弁当つくって、洗濯物干して……と同時に、自分たちが仕事に行く準備をして、それぞれ家を出る。仕事終わったらダッシュで電車乗って、買い物して帰って、洗濯物いれてたたんで、夕飯つくって、子どもの宿題みて、遊んで……。こうした日々をパートナーと分担しながら、一緒に、ときにはワンオペでこなす毎日。休日や夏休みなんて、もう学校の給食って神！　って思います。ま、これはいわゆるふつうの家族も頑張ってやっていることですけど。この、子どもの衣食住を整えるために、相当の時間と労力を割かねばならない、という状況にトップギアで突入したって感じです。」

――村田さんたちの関係は、周囲の人からどのように受け取られたのでしょうか？

「この関係を話すと、けっこう反発くらったりしたんです。友人とかに、なんで自分の子どもじゃない子どもを育ててるの？　とか、相手の人はそんなに子ども任せて何やってるの？　とか、疑問・質問ばっかり。別に悲しい気持ちがしたわけじゃないけれど、口を出さずにただ応援してくれればいいのに、とは思いました。

それから、ぼくの実親なんか、総スカンというか、二人に会いたくないって言われて。じゃあ、いいですって。年に何度か実家に帰りはするものの、ぼくだけで帰ってますし、その後一切この関係の話は出たこともなければ、聞かれたこともないです。もっと酷いのは、ぼくにパートナーがいるってことを知っていながらですよ、結婚をしてないからって別の人とのお見合いの話を薦めてきたりして……もうブチ切れですよ！　このままじゃよくないなーと思いつつも、そこまで言われると、無理することもないなって、半分以上諦めてますね。」

――私のまわりでは、けっこう血縁にこだわる人っておりまして。村田さんは比較的そういうのから自由な印象を受けるのですが……何か思い当たるところはありますか？

「うーん、そうですね。おっしゃるとおりで、比較的そういうのからは自由なほうかも？ひとつは、えーと、子どもは社会で育てるもんだって言葉あるじゃないですか。で、あれがね、パーって体感的にわかっちゃうんです。たぶん、そういうふうに育てられてきたから、かな。ぼくは地方のなかでもさらに田舎の育ちでして、幼少期は田畑広がる地域のなかで野生児のように育ちました。いま思えば、農家さんを中心にしたいわゆる地縁というものがあって、いろんな人にね、幼少期に助けられながら育った実感があるんです。

で、うちの家は小さいころから父親が県外でずっと働いていて帰りも遅かったんで、お金の部分は別にしても、母親がほぼシングルペアレントのようでした。近所に実の祖父母も住んでたし、母親が仕事で遅いときは近所の人のところとか、祖父母のところでご飯を食べたり、面倒見てもらってた。ご近所の調味料の貸し借りとか残ってたし、子どももある程度大きくなると、古紙の廃品回収とか、地域のどぶ掃除とかに参加させられるんです。うちにもしょっちゅう友人たちが来てて、よく一緒にご飯を食べてた。こういうのが幼児から小学生時代の記憶に深く残ってるんですよね。人んちの子を見るのって、なかば当然といいますか。それが原体験としてあるのは大きいかなって思います。」

――地域で子どもを育てるほうがよいというのはわかるのですが、ちょっと意地悪な言い方かもしれませんが、経済基盤はふつう、家庭に分断されていて、育児に関する経済的な責任は「保護者」に課されてしまいますよね。村田さんがお子さんに対して、自分の時間やお金を費やしてもいいと思うようになった過程を覚えていますか？

「とくにこれといった経緯はないですけれど、そうですね、一緒に住むことを決めたときから、普通にそうするもんだと思っていました。衣食住やその後の子どもに必要なお金などは、パートナーと分担して拠出しています。そのハードルはあんまり高くなかったですね。なんでだろう。お年玉とか、それこそ血縁親族である姪や甥たちにあげますけれど、むしろそっちのほうが不思議。年に一度くらいしか会わないし、特段精神的に近い存在でもないのに、なんでだろうって。

あとは、そうですね。子どもの権利って感じですかね。衣食住に困らず生きていけることと。学んだり、自分の人生を拓いていけること。自由に生きていけることとか。その権利を守るために、身を挺するのが先行世代の役目かなって、変に思ってる節があります。あ、だからといって見返りを求めるかというと、そんなことはないかな。たまに子どもは、もしくは教育は投資だとかいう話を耳にするんですけれど、別に回収するためにやるもんでないし。もしぼくが年老いて介護が必要になったとしても、一緒に住んでる子どもには死んでも世話になりたくないなって思ってます。なぜって、そんなことのために支えたわけじゃないから。自由に、自分の意志で人生の酸いも甘いも謳歌してほしい。そうして見てきた世界をときたま伝えてくれたら、もう十分って感じです。」

——話をちょっと戻して、今のお年玉の話でも血縁から距離をとってるのがよくわかりますが。地域で育てられた経験だけだったら、言い方悪いけれど、田舎生まれはみんなそうなるわけじゃないですか。でも、実際はそうでもないでしょう。何か別の要因って考えられますか?

「えーと、こっちのほうが決定的な要因の気もしますが、自分の父親に感謝してはいますが、あんまし憧れが持てなかった。ま、さっき言ったとおり、平日はほとんど家にいなかったというのもあったし、土日に帰ってくるとテレビに向かってぶつくさ文句を言って、ご飯とお酒が出てくるのを待ってる感じ。これも一九八〇〜九〇年代初頭の父親たちのよく見る姿って感じですかね。サザエさんの波平さんとか。

で、その土日に、ですよ。いろいろ怒られたりするわけです。自分は新聞読みながら、ご飯が出てくるのをただ待つだけなのに、やれお母さんを手伝えとか。いま思うと、そのシーンってコントですよね。言動がまったく矛盾してる。自分のご飯なんだから、自分で動きなさいよって、なーんか釈然としない気持ちでした。

そして、いよいよ癪《しゃく》にさわることがあると、『誰のおかげで飯が食べられると思ってるんだ！』と、あの台詞《セリフ》です。その言葉を聞いたとき、心底、買い物行って料理をつくってくれてるお母さんのお陰だよな〜って、いつも思ってましたもん。ま、それを言ったら、もっと機嫌が悪くなるから胸の内にしまってましたけど。

ちょっと愚痴っぽくてすみません。まぁ、とにかく父親がいないほうが平和だなって思いながら、小学生・中学生を過ごしたわけです。だから、もし自分が子どもを育てるようなことになったとしても、こういう親にはなりたくないなって実は思っていました。そういう経験があるせいか、いま一緒に暮らしている子どもの父親になろうなんて気負いをもったことないし、自分の子って意識も皆無です。もちろん、保護者って意識はありますけれど。」

——結局、かぞくってなんなのでしょう？　今のかぞくをやったからこそ思うところがあれば、聞かせてください。

「それは、なかなか難しい問いかけですね。うーん、答えになってるかわかりませんけれど、ぼくと子どもとの間には、血のつながりも、父親という役割意識もないです。子どものほうも、ぼくに対して親って認識はあんまりないんじゃないのかな。で、この子どもとの間に、もちろんパートナーとの間もですけれど、そこに明確なつながり、リアリティというか、それをもつために、ぼくが頼ることができたのは、文字どおり、この身ひとつなんです。子どもの目の前で、衣食住を整えるという家事を、パートナーと一緒になって取り組む姿を見せるしかなかった。そのことで実際に支え・支えられているという現実を、ともに経験するしかなかった。

仮に、究極的に関係破綻するような諍《いさか》いが起きたとして、父親だから、家族だから、嫌でも一緒に居続けなければならない、といった類の解決（？）を、ぼくは頼ることができない。血がつながっているという縛り、離れ難さのようなものに、逃げ込むことができない。じっくりと、本当に日々を積み重ねるように関係をつくり続けないと、おそらくふつうの血縁家族以上に、もろくて壊れやすい関係なのかもしれないから。だって、子どもから、なんであんたここにいるの？　出てってよ、って言われたら、文字どおりグウの音も出ませんもの。そして、そうしたらどうするんだろう。子どもの意志を尊重して出ていく決断をするかもしれない。

ま、幸い今のところ、そんな諍いは起きることなく日々は過ぎていき、あちらもだいぶ大きくなりましたから一緒に遊ぶようなことはだいぶ減ったけれど、休日に二人で買い物いくとか、学校の課題の相談にのりながら一緒に考えるとか、フラットなコミュニケーション相手にはなれているように思います。もちろん、そうした関係ができたのは、ぼくと子どもの間で起きたケンカや対立に、パートナーが間に入って仲裁し続けてくれたってことがもちろんあって、そこは感謝でしかないですが。あ、でも母子関係の対立もよくあったから、それは同じようなものなのかな。でも感謝しています。

質問の答えになっているかな。かぞくとは……ま、血でつながった関係性、とは口が裂けても答えたくないし、それだけで表現されたらとてもむなしい関係だなって思っちゃいます。フィクションみたいなもんですもん、血って。むしろ、あのときあぁやって、三人で話し合って、一緒に住むことを決めたね、いろんなケンカも苦労もお互いにあったけれど、あのときはおもしろかったねとか、あれはいま思えば大変だったけど、いい思い出だねとかね。三人で一緒になって暮らし続けてきた、暮らしをつくってきた、唯一無二の共通のストーリーで結ばれた関係性。そう言ったほうが適切かもしれません。」

共にいる理由を見つけるために

私とほぼ同世代、そして同性の村田さんの語りを聞いていて、いくつか思ったことがある。彼は、血縁という形式よりも、お互いを大事にしながらともに生きるという内実を重視しているように思えた。そしてその背景には、彼も私と同様に、自分の父親との関係に、あまりよいイメージがないこと、いや、関係というより、その時代の父親像と言ってもよいかもしれない。たしかに、私の父親も異常に働いていた。土曜日出勤も普通だったし、平日は午前様になることも多かった。あの時代の、男性は外で働き、女性は家で家事・子育てを担う、ワンオペ労働、ワンオペ家事がセットになった、いわゆる近代家族のカタチ。私の父親は、家では趣味には興じたが、家事はもちろん、子どもの衣食住の世話をした記憶はほとんどない。間接的にお金を運ぶことで家を支えてくれたことはまぎれもない事実だけれど、直接的な行為として、子どもから必要とされるということがあっただろうか。

女性たちが担ってきた家事労働はシャドウ・ワーク（見えない仕事、見えないゆえに感謝をされることもない）とよく聞くが、実は外で働き続ける男性も家にいないわけで、子どもからしたらシャドウな存在だったのではないだろうか。そしておそらくは、男性は家事なんて担う必要はなく、とにかく外で稼いでこそ一人前だと、家事という営みから排除されてきた。一九八四年生まれの私は、中学校段階になって家庭科と技術が男女共修となったほぼ第一世代であって、おそらく村田さんも同様の経験をしたことだろう。この男女共修化を境にして、その世代以降の男性の平均的な家事時間が前の世代よりも三〇分長くなったという統計もある。

こうした時代的な背景も手伝って、村田さんは「いない父親」ではなく、四苦八苦しながら、文字どおりかぞくの暮らしを支える、目の前に「いる保護者」を選び取った。家事をたくさん担ってきたわけだが、家事に意味を見出していたと言ったほうが正確かもしれない。彼にとって家事とは、血縁というフィクションに頼れないなかで、かぞくでともに支え合い、ともに生きていきたい、という意志をカタチにして示すために、必死で模索した一種の技だったのではないかと思う。そして、少なくとも私には、その意志と現実の積み重ねこそ、血よりもはるかに重く、固い結びつきをかぞくに与えるもののように思える。はたして、かぞくに血縁は必要だろうか？

（インタビュアー／川上和宏）

COLUMN 現代の通い婚——中国モソ族の試み

どんなに仲のよいカップルでも、数十年にわたって狭い住居のなかで顔を見合わせながら一緒に暮らし続けることに無理はないだろうか。誰にだって、一人の時間が欲しい。そんな気持ちを反映してか、週末婚だの、二拠点生活だのといった形で、夫婦やカップルの新しい生活の仕方を追求する時代が始まっている。

これまでは、同居しないのは愛情がないことの象徴のように言われてきたが、一人の時間を過ごしたいときに相手がズカズカと入り込んでくる関係は、かえって信頼と愛情を傷つけるのではあるまいか。

ところが日本社会でも、一〇〇〇年以上前の『源氏物語』の時代には、男性が好きになった女性の家に夜な夜な出かけて行って、契りを結び、一番鶏の鳴く前にはその家を去るという「妻問い婚」が行われていた。これは、相手を好きになる思い（愛情）と、出産や子育て、財産といった問題が一続きのものではなかったことを示している。

じつは今日でも、歴史と自然美に彩られた中国雲南省の地域に、このような男女関係を今なお続けているモソ族という少数民族がいる。本当にそんな関係が可能なのだろうかと思い、わざわざ見に行ってきたことがある。実際に、そうした関係、すなわち「走婚」（通い婚のこと）を続けている三〇代の女性にインタビューをすると、現代日本の普通の女性と変わらない服装や振る舞いで、今も「走婚」をしていることを語ってくれて驚いた。村の祭りなどでお互いが合意すると、その夜、彼女だけに与えられた部屋に秘密のうちにパートナーが訪ねてきて、一夜を過ごす。その関係がよいものとなれば、一週間続く場合もあれば、半年、長い時には数十年続くこともあるという。

こういう関係が可能なのは、出産と子育ての責任が、パートナーとの閉じられた関係の二人にではなく、女性の生まれ育った女系家族にあるからだ。つまり女性は、母親のもとで他の兄弟姉妹と生涯一緒に過ごすので、子どもはその家族の一員として育つのだ。生物学上の父親との関係は原則ないという。

子育てという労多き営みが、夫婦二人に閉じ込められず、多数の人によって行われるのは、子どもにとってもよい話だと思うのだが。

（佐藤和夫）

第2章

人はなぜ「婚」にこだわるのか

INTRODUCTION

二〇代のころ、交際していた女性と結婚の意識の違いが理由で別れたことが幾度かある。結婚願望がない私は、相手にそれを伝えていたが、ひょんなタイミングで結婚話がもちあがり、当然のように「する気はないよ」と答えた。「だって、二人の関係を続けることが目的であって、結婚はその手段の一つにすぎないでしょ」と。

すると大炎上。この言葉は、結婚を真剣に考える人にとって、すべてを否定された気持ちにさせる酷い言葉だったに違いない。「わがまま」「無責任」「時間の無駄」……。こうした言葉とともに、女性は去っていき、そんな別れ方を何度か繰り返した。

恋愛の一つの到達点として結婚がある、という価値観が強いなかでは、結婚への違和感や結婚以外の形を模索することさえ、「無責任」で「わがまま」ということになってしまうのだろうか。

結婚に関する意識調査を見ると、「支え合える人がほしい」「子どもや家庭がもてる」「精神的な安らぎの場がもてる」、このような理由が上位にある。経済的にも精神的にも、一人で生きていくのは厳しいように思える現代。生きる喜びや困難を分かち合い「支え合える人」がほしいという欲求は誰にでもあるのかもしれないし、そのような相手との間に「子ども」がほしいと考える人もいるだろう。

しかし、だからといってその相手と結婚〝せねばならない〟と考えるなら、いささか早計のように思うのだが、どうだろう。なぜなら、そうした関係を築くために（たとえ子どもが生まれたとしても）、結婚を選択する人（法律婚）と、結婚を選択しない人（いわゆる事実婚）がいるからだ。

この章では、法律婚／事実婚を選択した、それぞれの経験や語りに耳を傾けながら、なぜ法律婚をしたのか、もしくはなぜ法律婚を避けたのか。また、いずれにせよ、「婚」の関係を築くとはいったいどういうことなのか、考えてみよう。

1

関係を大切にしたいから法律婚、それとも事実婚？

石塚芳幸

事実婚は不倫し放題（？）という曲解

私とパートナーは事実婚の関係にある。パートナーは職場で事実婚であることを公表しているが、その職場でこんなことを言われたそうだ。

「法律婚じゃなくて事実婚だと、不倫し放題なんじゃないの？」

「家にテレビがないから、不倫がどれだけ叩かれているか知らないんでしょ。」

そう聞いた時は、自分の意識とかけ離れた指摘に心の底からびっくりした。家の鍵を忘れてしまったので借りに行く、などのしょうもない理由で、パートナーの職場を何度か訪れたことがある。もしかすると、そのたびに自分が恋愛・性欲至上主義者として眺められていたかもしれない、と思うと面白い。

事実婚は性的独占に縛られない快楽重視の関係であって、法律婚は互いに貞節を誓い束縛しあう関係だと思われているということなのだろうか。けれど、事実婚でも「不貞行為」を理由として離婚請求を行うことはでき、その場合には法律婚と同じように慰謝料の請求が可能になる。重要なのは双方に「婚姻の意志」があったかどうかということで、「同居」や「家計の共同」「周囲が婚姻を認めている」などの事実上の婚姻状況が存在したことを証明できれば、法律婚であるなしにかかわらず婚姻状態が存在していたと見なされる。

ちなみに私とパートナーは同居していて、それぞれ収入の八割を共同の家計に入れ、残りを自分個別の収入とする（ただし月四万円を収入の下限とする）と決めている。だから、近所の証言や口座の記録が、そのまま「婚姻状態」の証明となるだろう。

　相続の権利と子の親権については、法律婚と事実婚の間には大きな違いが現時点ではあるが、それ以外の事柄、たとえば結婚相手以外との性関係を持つことや、婚姻関係の解消については、事実婚と法律婚の違いは根本的に存在しない。現在の日本では婚姻関係のほとんどが法律婚[1]だが、いわゆる「不倫」に関して二〇二一年に行われた調査では、男性の五一・九％、女性の二四・七％にそのような経験があるという結果[2]であることを考えると、法律婚であれば婚外の性関係が抑制されるとはかぎらないと思うが、いかがだろうか。

　私はいつのころからか、「婚」とは、子どもが生まれてきて成人するまでの間は一緒にいられるようにしたいね、という約束のようなものだと考えていた。だから、子どもを持たないのなら「婚」は必要でない、と。だからといって別に恋愛至上主義だったということでもなく、ただ、自分から積極的に自分や相手を何かの形式に縛りつけるようなことをしたくない、というだけだった。自分が何かに縛りつけられていると感じると逃げ出したくなる気性だということもあるし、相手を独占したつもりになるという意識に後ろめたさを感じるということもあった。

　互いに経済的に依存する関係をつくりたくないというのも、それと同じ意識からくるもので、相手のキャリアを自分のために犠牲にしない（だから互いに家事もする）、自己決定を可能にする経済的基盤を互いに持ち続けていられる、ということを大切にしたかった。

（1）内閣府男女共同参画局「男女共同参画白書　令和4年版」

（2）五十嵐彰・迫田さやか「不倫——実証分析が示す全貌」中公新書、二〇二三年

（それは子どもができても続けられると思っていたのだけれど、そうはいかなかった。）

事実婚にも貞操義務があるというのは当時知らなくて、ただ「婚」というのが「子どもが成長するまで一緒にいられるといいね」という関係だとすれば、性的に相手を独占したいという感情をどう扱ったらいいのだろうか、ということは考えていた。

私個人のことを言えば、もし私のパートナーが他の人と性関係を持ったとしたら、私はかなり苦しむのではないかという気が今でもする。おそらくその後もパートナーとの関係を続けたいと思うだろうけれど、実際に続けられるかどうかはわからない。一方で、自分だけが不倫をしていて相手がそうではない、ということになると、自分はあまりに身勝手ではないかという気まずさを感じて、一緒にいることが幸せだと感じられなくなりそうな気がする。結果として、自分が不倫をするということについては警戒する、慎重に避ける、ということになる。けれど、それが生き方として唯一の正解である、とは一ミリも思わない。相手を性的に独占したいという感情は、それが存在するのは確かだけれど、絶対正しいというものでもないと思う。性的独占を求める相手の思いに応えようということは誠実だと思うが、自分が感じた抑えきれない思いに従って生きることを選ぶということもまた、自分に対して誠実な生き方だとも言える。

だから、誰かがいわゆる「不倫」をしたとしても、個々のケースによってその意味は異なるはずだ。たとえば、互いに自分の仕事や収入があって、共にいたいから一緒にいる、自分のために相手を犠牲にしていない、という状態なら、自分で自分のことを決められる二人の間でのことなのだから、無関係の第三者がとやかく言うことではないと思う。一方で、家族のなかに自分だけで生きていくことが難しい者、たとえば幼い子どもとか障がいくる。を持つ人とかがいて、その相手を共同でケアしているとすれば、また別の問題が生まれてくる。

法律婚を選ばなかった理由

私は結局、今のパートナーと子どもを持つことを選び、「婚」という関係を結ぶことにした。その婚姻が法制度によって認められたものなのか、それとも互いが了解して成り立つ「事実婚」なのかということは、現状では大した問題でないと思っている。それより、一緒に暮らしている相手と毎日向かい合っていられているか、具体的には「対等な関係でいられているか」「相手の話に共感しようと思えているか」「対話が成り立っているか」ということのほうが、はるかに重要だと思う。

私が法律婚を選ばなかった理由を一つあげてみるとすれば、法律婚を選ぶと「結婚という関係」として社会的に認められることで、男性として楽なほうに自分がどんどん流されてしまいそうだな、と感じたということがある。もしそうなったら、関係は対等ではなくなっていくかもしれない、そして共感の手がかりは失われていき、最後には対話が成立しなくなるかもしれない。そんな状態で一〇数年にわたって生きていくかもしれないとしたら、それは嫌だな、と思っていた。そして、そのような「関係の社会的認知」の一丁目一番地が、「妻」が自分の姓を変える、ということであるように感じられて、その一歩を避けようとしたら、結果として事実婚になっていた。

もちろん、法律婚をしたほうがいい関係を続けられる、というケースもあるだろう。私の場合は「関係を続けたいから事実婚」を選んだのであって、その点では、「関係を続けたいから法律婚」を選ぶという人と違いはない。

今の社会で事実婚という選択をすると、誤解や曲解を受けやすいというのは事実だ。冒頭に書いたパートナーの同僚の言葉などは、まさにその典型だろう。だけど、そのように相手が何かを決めつけてくるということさえなければ、紋切型の言葉をとどめさせる異物感のようなものをもたらしてくれる、ということがある。「夫だったら」「妻だったら」「嫁なら」と言われそうな場面でも、「いや入籍してないから」ということがそのような言葉の先を続けづらいものにするようで、「なんだかよくわからない関係のようだ」と思われることが、相手にちょっと立ち止まってもらう機会になると感じている。

「周囲の理解」は「周囲からの期待（ある役割を受け入れることへの）」として働くこともある。そしてその期待は、人や状況によっては抑圧として感じられるだろう。「周囲の理解」を求めないかわりに「周囲からの期待」から逃れるか、それとも「周囲の理解」を得るかわりに「周囲からの期待」を受け入れるか、そのどちらかを選ばなければならないような状況があるとしたら、それこそがまさに問題ではないだろうか。

つまり、法律婚であろうと事実婚であろうと、本来は自分たちがどういう関係を築いて共に暮らしていきたいのか、ということを互いに話し合って、そして周りの人びとにも「こんな感じが互いに居心地いいんです」ということを説明して語り合うことができたら、きっとそのほうがいいはずだ。それが難しいとしたら、それはいったいなぜなのだろうか。

2 「偽装結婚」をめぐる夫婦の対話

渡部 純
渡部理恵

「偽装結婚」という選択

夫（純） 以前、「結婚のいいところって、どんなところですか？」と問われた際、僕は「私たち夫婦は、子どもをもたないライフスタイルを選択しているので、正直結婚する意味はほとんどありません」と答えたことがあるんだ。そうであるにもかかわらず、法律婚を選んだ理由を「世間から干渉される余計な負担を軽減しながら、できるだけ自由気ままな二人暮らしをするための『偽装結婚』」と答えたんだ。とはいえ、これは僕自身の考えだったので、あらためて聞きたいんだけれど、君はこのライフスタイルをどう思っていたの？

妻（理恵） 「偽装結婚」とは、なんとパンチのある……。そして「偽装結婚」したんだっけ？ 私、って思ったよ。それが「今の」私の正直な心の第一声だね。

まず思い浮かぶのは、入籍して「ほっとした」ということ。そもそも、今の私たち夫婦は周囲から「偽装結婚」に見えないと思う。

でも、なぜ結婚して「ほっとした」のかな。そこには「もうそれについてしばらくは考えなくてよくなった」、「人に説明しないですむようになった」という気持ちが潜んでいるんじゃないかなと思う。パートナーと一緒にいることの嬉しさは、もちろんある。あるのだけど、家族や職場、社会に「説明がつく」みたいな「ほっと感」もあったと思うな。

夫　おっと！　いきなり「偽装結婚」の選択について大きな認識の違いがあったことに驚いた！　ということは、「結婚制度なんか男女差別の根源だ」と「進歩派」を気取った僕のほうが、世間に対する言い訳として「偽装結婚」と記憶を改ざんしていたことになるね。すると、ひとまずこの認識のズレがどこにあるのか確かめることから始める必要があるなあ。

僕の場合は、その「ほっと感」にどう折り合いをつけるのかが問題だった。自分たちのパートナーシップが世間の結婚観で受け取られると、延々とそのイメージにつきあわなければならなくなるからね。そもそも、僕らは「家族なるもの」への抵抗感と「子どもをもたない」ライフスタイルを共有してパートナーシップを組んだと思うんだけれど、世間的には、結婚披露宴が終われば次は「子どもの出産」、その次は……と期待される。いちいち周囲のその期待に応えなくちゃいけないのは本当にうんざりするでしょ。実際、僕らが結婚式と披露宴を開くことを拒否したら、父親の友人が説得にやってきたこともあったよね。わが実家には、結婚祈願達成で両目に墨の入った紅達磨の横に、孫の出産が祈願された片目のままの白達磨が未だに飾られているし……。

だから、そういう世間の期待と自分たちがパートナーシップを組んだ個別的な事情は、そもそも相いれないものであって、ならば初めから事実婚という選択肢を明示しておいたほうがよかったんじゃないかとさえ思うこともあるんだ。

妻　そんな私たちを待ち受ける「自分たちの人生を世間に合わせる居心地の悪さ」って何

だったのかな。まずは、結婚のお祝いパーティを計画してくれた職場の先輩。なんと、それを断った私たち。それからしばらくは、なんとなく遠巻きにされている感があった（笑）。それから、結婚披露宴はやらないと告げた時の、悲嘆にくれる両親。そして、少し経ってからお義母《かあ》さんに「実は子どもはもたないつもりだ」と告げたんだよね。いずれにしても、「ふつう」の流れを期待する親にとっては、悲しみの淵に追いやる息子夫婦の言動だっただろうね。

さて、歳月は過ぎ、今の暮らしはどうだろう。現時点で何の支障もないように感じているよ。ただ、それにはいくつか条件があると思う。たとえば姓の問題。私の場合、それがよいことかはわからないけれど、もともとの家族の姓にこだわりがないうえ、その家族の反対もなかったため、その問題は発生しなかった。けれど、もしどちらかが改姓したくないという考えを持っていたら、何らかの方策が必要になっただろうね。

「世間に合わせる居心地の悪さ」は確かにあったけど、同時に周りの人を悲しい気持ちにさせたことにも居心地の悪さを感じた。それでも、初期段階で拙いながら意思表明をすることができたのかもしれないと今では思っている。あなたはどう？　今でも居心地の悪さを感じているの？

「総論賛成、各論反対」という戦略

夫　もともと僕にとって姓の変更は、それまでの名で生きてきた自分が壊されるかのようなものだと思っていたからね。それは絶対的に受け入れられないことだった。だから、その苦痛を相手に強いるわけにはいかないということも、法律婚を選びたくない理由の一つだったんだ。けれど、君にその拒否感がなかったことが、結果的にそれほど僕らが事実婚にこだわらずに済んだということだったんだよね。もっとも、姓の変更に拒否感を抱くことと抱かないこととの間には、男性／女性として育てられてきたことが深く関係するとすれば、それはそれで不公平な気もするけど……。

さて、あらためて自分たちの結婚戦略をふり返ってみると、パートナーシップに関して親世代や世間の了解を得る最低限度の形式として法律婚を選んだうえで、披露宴をしないとか、子どもをもたないとか、個別に一般的な「家族」的ふるまいを避ける方法をとってきたんだと言えるね。いわば、「家族」という「総論」に賛成をするふりをしながら、その「各論」に説明が求められた場合に個別に事情を説明することで、時間をかけて自分たちのライフスタイルを周囲に理解してもらう戦略をとってきたのだと思う。

ふり返ってみると、この「総論賛成、各論反対」という「法律婚」戦略は、「世間に合わせる居心地の悪さ」と「周りの人を悲しい気持ちにさせる居心地の悪さ」との折り合いをつけるうえでは、時間をかけて相互理解を図る手段としてけっこう有効だったんじゃないかと思うんだ。

妻　私たちが、もし「事実婚」や「子どもをもたない」ライフスタイルを周囲へストレートに表明していたら、正真正銘の勘当をつきつけられたかもしれないね。「勘当上等！」と言いながら生きていけるならば話は別だけど、私たちの「法律婚」は、ひとまず門をくぐり、時間をかけて自分たちのライフスタイルを理解してもらうという意味では、悪くなかったのかもね。あなたの言う「総論賛成、各論反対」って言い得て妙だね。

夫　なぜ、「事実婚」や「子どもをもたない」ライフスタイルを選ぶようになったのか。あまり言いたくはないけれど、やっぱり、それは自分の家族との関係性が大きく影響しているんだと思う。こういってはなんだけれど、僕は割と恵まれた家庭に生まれたほうだと思っている。経済的には中流家庭で特に大きなトラブルも抱えておらず、傍目《はため》にはいわゆる「幸せな家族」と映っていただろうね。

とはいえ、家族の現実など傍目には見えにくいもの。とりわけ、家庭では封建君主よろしく、家族の誰も口出しできない厳父として君臨していた父親の存在にはうんざりさせられた。その重苦しい家庭の空気が嫌で嫌でしょうがなかったんだ。父親は教師という職業柄、子育てへの世間の評判に対するプレッシャーに抗おうとしたのか、ずいぶんと暴力的なまでに厳しく育てようとしてきた。そんな親子関係だったから、父親に話し合いで理解を求めるなどという努力なんて諦めたまま成長したんだけれど、社会人になった際、とうとうそれまで我慢していた怒りと不満が爆発して壮絶な親子ゲンカになってしまった。

父親とは、それきり正面から和解することもなく死に別れたわけだけど、今から思えば、彼にはもっと早い時期に子どもとして「あなたと私は違う存在なのですよ」と伝えてあげられればよかったんだと思う。けれど、そんな権威主義的な父親像に反発しているにもかかわらず、「自分が親になったら、もしかすると同じ暴力的な教育を自分の子どもにするんじゃないか」という不安も抱いてきた。だって、自分が受けた以外に子育ての方法を知らないんだよ。原家族で経験する暴力とは、かくも身体的な記憶として刻まれるものなんだろうね。

すべてではないにせよ、そのことが「子どもをもたない」ライフスタイルの選択に関係している。自分ではそう理解しているんだ。そんな話を母親にしたら、「あなた自身がそういう父親にならなければいいじゃないか」と諌められもしたけれど、身体に刻まれた記憶とはそんな単純なものじゃない。

ただ、その暴力性は父親だけの問題ではなかったのかもしれない。そう考えさせられたのは、最近になって大手新聞紙上で特集されていた、日本の帰還兵の戦争トラウマが世代を超えて伝播するという記事を読んだときだった。もしかすると、父親のもつ暴力性はあの戦争と関係があるのかもしれない、とね。父親は終戦の半年前に満州で出生したんだけれど、その時期に祖父母がどう過ごしたのか。その時期の祖父は兵士ではなく、満州の商社に勤めるサラリーマンだったようなんだけれど、少なからず満州での生活や引き揚げの経験が父親になにがしかの影響を与えてきたのかもしれない。個人は歴史的に形成されたものであるという言葉を信じるならば、家族が経験した歴史との関係性を知りたい。もしかしたら歴史の重大事件が、バタフライ・エフェクト(3)みたいに自分の人生の選択において重要な意味を与えていたのかもしれないのだとすれば、そのことを理解したい。遅きに失したけれど、そう思うようになったのは、齢五〇を迎える年齢になってからなんだよね。

そう考えると、少子化対策というのは、カネをばらまくことや育児などの制度を整備する前に、それぞれの家族が自分たちの生まれ育った家族の歴史を見直したり、なぜ家族がそのような生き方や育て方をするのか理解しようとしたりするところから始めることが肝要なんじゃないかな。話題が私的な部分から歴史的な話へと、だいぶ逸れちゃったけれど。

(3) 蝶の羽ばたきのように非常に小さな出来事が、予測できない大きな変化をもたらすこと。

共有できたライフスタイル

妻　確かに話題が壮大な方向に行きかけてしまったね。でも、原家族からあらゆるものを受け取って私たちが育ってきていることを考えれば、決して無関係な話じゃないと思う。歴史的背景が私たちの父母世代、祖父母世代に与えた影響は必ずあるはずだと思う。

あなたはお義父《とう》さんからの暴力を伴う「厳しい躾」に苦しみ、その圧力のために自分の意見をぶつけることはおろか、筋道を立てて話し合い和解することも遂にできなかったと言ったけれど、お義父さんはお義父さんで息子のよき人生を願っていなかったはずはないんじゃないかな。この「未完に終わってしまった関係構築」の経験が、あなたにとってある種の挫折となり、自分が子どもをもつことへの不安を生んでしまったんだね。お義母さんが言うように、まさにそれを反面教師として自分の世代から変えていく「気概」を持てなかったのかと思うかもしれないけれど、刻まれたものは思った以上に深かったということでしょう。

そこに私がその「子どもをもたない」ライフスタイルに反対しないパートナーだったということも、「背中を押してしまった」要因だよね。とはいえ、あなたからその意向を聞いたとき、「偶然。私も同じ」という状況だったわけではないんだよね。でも、何があなたと共通していたかといえば、私も「自分も次の世代に引き継ぎたい」と思える親子関係を持っていなかったことだった。私の場合は直接暴力を受けるようなことはなかったけれど、両親の不和のなかで祖父母に育てられるようにして成長したことが大きい。今思えば、精神的な親が私にはいなかったんだよね。そんな原家族のなかでいつもバランスをとるようにして育ってきて、その結果、自分の考えが自分で認識しにくい、輪郭があいまいな人間ができあがった。母親に「感情がないのか」と言われたこともあった。親の感情がいつもほとばしり出ているなかで、子どもは自分の感情をあふれさせる余地など見いだせないもの。そうして、進学を機に迷いなく家を出たことは、まったく自然の流れだった。経済的に支えてくれた親には、さすがに感謝しなければならないんだけどね。家を出てからも、精神的に安住できない両親に私は「なつけなかった」。おそらく、自分を守るために。そんな、いつまでも内面が幼い私は、自分の子どもをもつ準備など自分にはできていないと少し斜に構えて思っていたのではないかと、今になっては思っている。

夫　僕らがパートナーシップを組めたのは、いわゆる「家族」に対する複雑な感情を共有できたからだったんじゃないかなと思う。こんなことを実の親にはもちろん、世間に訴えてみても一笑に付されるか、たしなめられるだけでしょう。ふり返ってみれば、そうした公には表明できない複雑な「家族」観を共有できる相手を見つけられたことは、奇跡的な出来事だったと思う。だからこそ、せめてそれを共有できるパートナーシップを壊されないためにも、「法律婚」を隠れ蓑にして生活の平穏を守るしかなかった。

そんな態度じゃ、社会の差別構造はなかなか変わらないじゃないかとか、これだから少子化が止まらなくなると批判されるかもしれないけどね。でも、ここ数年、僕が高校の授業で「選択的夫婦別姓」を扱うと、かなり多くの生徒たちが「自分の姓を変えることに抵抗感がない」という意見を表明するんだ。若い世代が旧い価値観に縛られていないことには本当に驚かされる。われわれの世代が旧い家族観に引き裂かれてジタバタしようと、新しい世代ってのはそんなことを意に介していないことに感動すらするよ。僕らの世代にはなかなか実現しにくかったことを、若い人たちが乗り越えていくことには、心から希望を抱かされるね。それが、どんなに現実が悲惨でも歴史に期待できるってことなのかもね。

妻　そうだね。私たちが入籍した二二年前よりも、さまざまな「家族のかたち」に対する理解も進んでいるのではないかな。結婚式をどうするかということから、姓をどちらが変えるのか、子どもをもつのか・もたないのか、同性婚を認めるのかということまで、新しい世代は意外と「こうあるべき」という感覚に縛られず、切り拓いていくのかもしれないね。

3 やっぱり「婚」がわからない

名村優子

「事実婚」ということになってはいるが

子どもを持つとき、必ずパートナーがいなければならないのだろうか。もちろん、生物学的に子どもが生まれる要因となっている男女は存在する。そして、子どもを育てる時は一人より二人、二人より三人と、関わる大人が多いほうがよいと考えている。理屈としては、子どもを一緒に育ててくれる人がいるなら、それは生物学的な繋がりのない人でもいいと思う。

しかし、自分が妊娠した時、繋がりがないけれど一緒に子どもを育てる気がある人を、どうやって探したらよいのか思いつかなかった。それに、生物学的に父親である人にも子どもを育てる権利があるのではないかと思ったので、妊娠がわかった時、その要因であろう男性に一緒に育てる気があるか尋ねてみた。ないと言われたらいろいろ考えなければならなかったが、あるということだったので、その答えに少しほっとしつつ、一緒に暮らしはじめた。

一緒に子どもを育てることになって、その相手との関係をどうするか考えた。以前から、結婚式の家中心主義も純潔主義も永遠の誓いも形式を保つための虚構としか思えなかったし、結婚によりどちらかの戸籍に組み込まれるという不可解な管理制度も嫌だった。何より、カップルがカップルとしてあり続けることが、なぜ「結婚」によって特別視され特権化されるのか、根本的なところが納得できなかった。だから、自分が一緒に暮らす人との関係として、法律婚を選ぶことには違和感があった。それで、一〇年以上の付き合いになるその相手と、入籍せず同居して「事実婚」状態になった。

ただ、自分たちの関係を「婚」と説明することに私自身は違和感を持っている。「婚」には単なる親密な関係だけではなく、当事者同士の契約という印象があるが、私とパートナーとの間で「婚」という契約を結んだ意識が薄い。個人的な契約に公的なお墨付きを与え、「家族」として扱うのが「婚」であろうと思うのだが、自分たちの関係については、カップルやパートナーという「つがい」の親密さのほうがイメージに合っている。

当然ながら、「事実婚届」が存在するわけではなく、私は自分たちの関係を意識的に「事実婚」と位置づけているのではない。いろいろの理由や要因により法律婚を選択しなかった現状を便宜的に説明する言葉として、「事実婚です」と言っている。

「事実婚」にもいろいろな理由がある

事実婚について友人に話を聞いたり、本やインターネットで情報を集めたりした結果、事実婚を選ぶ人にはいろいろな理由があり、またいくつかの戦略的対応方法があることがわかった。私の場合、戦略を決める要因となったのは子どもの姓だった。私のパートナーは、生まれてくる子どもの姓を自分の姓（つまり父親側の姓）にしたい、と考えていた。私は子どもの姓にはあまりこだわりがなかったので同意したが、入籍せずに子どもの姓を父親側の姓にする場合には、家庭裁判所に申請するなど面倒な手続きが必要だとわかった。

それなので、私とパートナーは、出産時に入籍し出産後に離婚手続きをとることにした。この方法なら、比較的簡単に子どもの姓を父親側の姓にすることができる。

私がこの具体的な方法を最初に知ったのは大学周辺の友人たちからで、その友人たちは、実践したN先生の名をとって「N方式」と呼んでいた。N先生は子どもを産んだ時二回と自宅のローンを組んだ時の都合三回、入籍と除籍をしたそうだ。一九八〇〜九〇年代に、法律婚に不都合や疑問を感じて事実婚を選択していた人たちは今ほど多くなかったと想像するが、そのような人たちの存在を知り、法律婚以外の方法もあると認識していたことは、私の選択に少なからず影響を与えた。

事実婚を選ぶ人のなかには、法律婚では夫婦別姓が叶わないことを選択理由とする人がいる。私は自分の姓にそれほど強い思い入れはなかったが、積極的に変える理由も思い当たらなかった。試みに、パートナーに「私の姓に変えるつもりがある?」と聞いたら、きっぱりと「ない」と言われたので、じゃあ私にも変える理由はないと思った。結果として煩雑な手続きや説明をせずに、生まれた時の姓を使えるので、「事実婚」にしてよかった。むしろ、煩雑な手続きや説明を経ないと自分の生まれた時の姓が使えないことを不条理に思う人は、少なからずいるだろう。

法律婚をしないことにした時、多少努力を要したのは親との対話だった。妊娠を知らせた時、母は「順番が違う」という不満を口にしたものの、妊娠自体は喜んでくれた。ただ籍を入れないという話をすると、父も母も「入籍するのが当然」という態度で、一度はこのまま絶縁関係になるのだろうか、と悲観したこともあった。ただ、父と言い合いになった後落ち込んでいる私に、パートナーが「君が間違っているわけではないのだから、考えを曲げる必要はない」と言ってくれた時は本当に心強く、パートナーへの信頼感が増した。しばらくして、父は自ら調べて「専門職や研究職の女性は姓を変えると仕事上不利益を被る」という情報にたどりつき、娘は職業的理由により姓を変えたくないので事実婚なのだろう、と考えるに至ったようだ。私は別姓云々だけでなく結婚自体に疑問を持っているのだが、父がそのように理解してくれたので、そういうことにしている。

子どもの有無と社会的承認との関係

私の身の回りの例なので偏りがあると思うが、私の知っている事実婚カップルのほとんどが子どもを育てている。またその一方で、法律婚を選んだけれど子どもを持たないカップルを多く知っている。子どもを持つかどうかはカップルの意思だけでは決まらない部分もあるが、私の知る法律婚カップルの何組かは「子どもは持たない」と言明している。

子どもを持たないカップルが、本人同士の親密な関係を超えて社会的な承認を必要とする時、法律婚なりパートナーシップ制度なりの、制度による承認が必要になる場合があるのは理解できる。仮に法律婚に対する抵抗感や不利益があっても、それを上回る必要性や利益が「社会的承認」にはあるのだろう。たとえば異なる国籍を持つカップルや、カップルが国境を越えて移動する場合、婚姻関係にあるかどうかは身分保障に直結する。自分たちが一つのユニットであり、一緒に移動し生活する権利が保障されることには切実な必要性がある。

一方、自分の経験や事実婚の知人の話から想像すると、子どもがいるカップルは、子育てを共に担うという「実質」によって、ともかくも制度的・世間的に「家族」と見なされることがあると思う。つまり、子どもを一緒に育てると、子どもを通して社会的に承認されたり扶助されたりする部分が出てきて、法律上の婚姻関係の必要性が相対的に低くなるのではないだろうか。

もちろん、子どもができた／子どもを育てることになったカップルが、それを理由に法律婚をすることも多いと思われるから、事実婚である理由は他にあるのだろう。ただ、子どもの存在によってカップル関係が相対化され、家族結合に必須のものではなくなること、カップルを中心とした家族像と子どもを中心とした家族像は方向性が異なるということは想像できる。

事実婚を始めてみると、事務手続きで必要な書類が増えたりするものの、実際に困ったことはほとんどなかった。現在、行政や会社組織では婚姻関係を実態によって把握しており、私の「家族」は子どものいるカップルの「家族」として認識されている。むしろ、改姓手続きや姓を使い分ける煩雑さから逃れられていること、それから共に法律婚を選ばなかったパートナーに対して信頼感が増したことは、確かなメリットとして数えられる。一方、自分一人ではなく「家族」と過ごすようになってから、多大な労力を必要としたり、軋轢を生じたり、感情が爆発したりしたことは何度もある。事実婚であることより、普通の「家族」であることのほうが、はるかに難しいと実感している。

家族の姓について「考える」こと

自分も含めて子どものいる事実婚家族が少なくないことを考えると、夫婦別姓を否定する理由の一つとして聞かれる「子どもが親と別姓なんてかわいそうだ」「子どもの姓を決める時に混乱が起きる」という主張には違和感がある。周囲の事実婚のカップルで、子どもの姓を決める時に大きな問題が起きたという話は聞いたことがない。ただ、法律婚の場合は当然親と同じ姓になるので、そこで子どもの姓について考えて選択する必要は生じないが、事実婚の場合は、どちらの姓にするか、その理由は何か、と「考える」必要が出てくる。その理由が、他の人を納得させる立派なものである必要はなく、ただ自分たちが納得できる理由にたどり着ければよい。この理由を考える際に行われる話し合いや議論は、「混乱」とは別のものだと思う。

これは選択的夫婦別姓の「選択的」にも関わることだ。今まで選びようもなく夫婦は同姓となるから特に理由も考えなかったが、夫婦別姓が「選択できる」となると、姓とは何か、どうしてその選択をしたのか／しなかったのか、という理由を考える必要が出てくる。いや、実際は結婚の際に夫の姓にするか妻の姓にするか、という選択はあり、ここで姓について考える機会はあるのだが、九六％が夫の姓を家族の姓としている現実を見ると、特に姓の変わらない夫のほうは「何も選択していない（＝何も考えていない）」人がある程度いるのではないかと思えてくる。

そうすると、選択的夫婦別姓をめぐる議論は、今まで考えなかったことを考えることについての是非、あるいは考えなくても済んだ人と考えざるをえなかった人との意見の違い、と見ることもできる。もしかしたら選択的夫婦別姓に反対する人のなかには、たとえ別姓を選択しないとしても、この「考えて」しまうことを恐れている人がいるのかもしれない。

COLUMN 「寝屋子制度」と「世古の捨て子」

伊勢湾の離島に、答志島（鳥羽市）という所がある。面積六・九八㎢、人口二二〇〇人（二〇一八年）の小さな島で、島民の七〇％が漁業に携わっている。戦国時代には九鬼水軍の根拠地で、船で一〇分足らずの内陸部（鳥羽市）とは異なる独特な文化を持っていて、その一つに「寝屋子制度」というものがある。

江戸時代に一五歳になった少年が「若い衆」と呼ばれる集団の一員になったのがこの制度の始まりで、一五歳から約一〇年間、すべての男子（現在は長男のみ）が、毎日（現在は土日のみ）夕食後に寝屋親と呼ばれる世話係の大人のもとで共同生活をする。寝屋子のメンバーのひとりが結婚すると解散するが、解散しても寝屋子朋輩と呼ばれ、その縁は一生涯続く。それは友だち・親友などという言葉では説明しきれない深い絆で、誰かに何かあれば必ず駆けつける。寝屋親は、寝屋子が結婚する時は仲人となり、一生相談にのる。この小さな島で漁業で生業を立てるには、何事も共同して助け合わなければできないという生活上の必然性があり、今もこの制度が残っているのだと言われている。

もう一つ奇妙な風習がある。「世古」と呼ばれる狭い路地に、厄年の子どもと、三番目に生まれた子どもの性別が変わった時（男男女、女女男）の子どもを、路地の角に捨て子する。すると、頼んであった大人が「まあ、かわいい子だ」と子どもを拾い、元の親に加えて新しい親になる。この風習の目的は定かではないが、子どもの性別が変わると親は育て方を一から学ばなければならないため、経験のある他の大人の助けを得る必要があったのではないか。厄年の子どもも、より多くの大人で命を安全に育む必要があると考えられていたのだろう。

近代以前の社会では、このように家族が血縁を超えて互いに助け合って生活する仕組みがあった。しかし、国家と家族の中間にあったはずの地域とのつながりやさまざまな集団との関係を、近代になる時に私たちはすべて失ってしまった。現在模索されている家族の形、血縁を超えた他者との協同の試みは、これからも進められていくだろう。次の時代は、共同体的な縛り合いではなく、お互いを他者として尊重し合いながら、どんな倫理によって家族が結び合うのだろうか。（小松　蓉）

4 抵抗としての「婚」の選択

川上和宏

　事実婚にせよ、法律婚にせよ、婚というものに共通しているのは、生涯その相手と連れ添い、ともに生きていく決意や同意があること、に基準があることだ（法律婚はその同意を届け出るし、事実婚もその点で同棲と区分される）。とはいえ、法律婚だから／事実婚だから、自分と相手の関係がうまく続いていくなどとは言い切れるはずもない（現在、法律婚の離婚率は三組に一組の割合であり、事実婚でも破綻するときは破綻する）。

　かりに、当の二人がせっかく、そうあろうとして決意したり誓ったりした関係に対して、本来外野にあたる人たち（血縁家族・親類、場合によっては友人や知人など）がギャーギャーわめきたて、二人だけならばうまくいくかもしれない関係にわざわざ葛藤や確執を与えるようなことがあるとしたら、むしろそうした文化や構造そのものに問題があるのではないだろうか。ここでは「婚」をめぐり、三人の執筆者の話をふまえつつ、そもそもの話から「婚」について考えてみようと思う。

女の黄昏（たそがれ）と書く「婚」

　婚とは、女偏に「昏（くらい）」と書く。この昏の字で代表的な単語は「黄昏（たそがれ）」であるが、これは「誰そ彼れ（だれそかれ）」がどうも語源にあるらしく、彼が誰であるのかわからないほどの「くらさ」を示すそうだ。

そして婚の字源には、古代においてこの黄昏時に、婚礼の儀式が行われたこと、また「婚い」と書けば「よばい（夜這い）」を指し、平安貴族さながら、夜な夜な目当ての女性のもとへ男性が通うことを指した。いずれにせよ、婚という字には儀式であれ行為であれ、「くらさ」が伴うものだったらしい。

しかし、歴史を知れば知るほど、こと女性にとってこの「くらさ」は、婚礼儀式の時間帯が暗いときだったことを指しただけのものとは思えない。生まれ（朝）から短い昼の時間を過ぎ、黄昏時にせまった結婚は、人生の「くらい」夜の幕開けだった、と言ったら過言だろうか。

明治時代の初頭（明治二四年・一八九一年）、「こわれ指環」(4)と題された論文を『女学雑誌』に投稿した女性がいる。一八六八年に生まれ、一八八五年一七歳で両親にせがまれ、疑問や戸惑いを持ちながらも、ある男性と結婚した。女子師範学校に進学する希望を伝えたが父親に反対され、母には「女子といふものは、よい加減の時分に片付かないでは、とうとうよい先を見失つてしまふもんだから……」と泣く泣く説き伏せられたという。あのとき、もっと固辞しておけば……と、あとで後悔を書き記している。

この女性は当時の女学校教育の、とくに修身の授業（今でいえば道徳だろうか）のなかで、顔も見たことのない許嫁《いいなずけ》（男の子）が早くに亡くなったため、自身の鼻を殺《そ》ぎ、耳を切って、決して別の男性のもとには行かぬと誓った女性の話とか、姑が自分を縊《くび》り殺そうとしても一切家を離れることのなかった女性の話などを、婦人の鑑《かがみ》として教育されたという。そして、自身もそれが美徳だと思いこんでいた。何が起きようとも、家と夫に仕えることが義であり、それが女性としての天命を遂げることだ、と。

（4） 清水紫琴「こわれ指環」、『女学雑誌』一八九一年、所収

しかし結婚後すぐ、相手の男性の異変に気づく。誰かからの手紙が届き、夜な夜な家を出ていくことが続いた。お手伝いに問い質すと、結婚前から懇意にしている女性（いわゆる妾）がおり、その女性のもとへと足しげく通っていたのだ。なぜ、そのような女性がいるにもかかわらず私と結婚をしたのか……。その相手と話そうにも、口答えすれば「賢しげに女の分際で」と言い返され、聞く耳ももたれない。結婚前の学生時代の思い出や両親との時間など、楽しかった日々を思い返しては涙を流す毎日だったという。この女性にとって、結婚はまぎれもなく、昼の時間に終わりを告げ、人生の夜の始まりであった。

おそらく当時、夫が妾をもつことは家や子孫の維持・繁栄のためでもあろう、しごく一般的なことだったのかもしれない。しかし、この女性はそれがどうしても許せなかった。数年してこの女性は相手の男性と離婚をするのだが、もらった指環の宝玉を外し、「これ指環」をはめながら言う。「この指環を見ます る毎に、腸を断ち切らるるよりもつらい思ひを致すのですが、これは片時も私の手を離す事は出来ません。この指環は、実に私の為の大恩人なので……この指環が、私に幾多の苦と嘆きとを与へてくれましたお陰で、どうやらかうやら、私は一人前の人間にならねばならぬという奮発心を起こしました」。

離婚とこわれ指環によってはじめて、これまで植えつけられてきた、何が起きても夫と家に仕えるのが女の美徳という呪縛を乗り越え、「一人前の人間」になる決意をもったのだった。そして、「可憐なる多くの少女達の行末を守り、玉のやうな乙女子たちに、私の様な轍《わだち》を踏まない様、致したい」と、自身が壊した宝玉の代わりに、これからを生きる若い女性たちのために身を挺することを、その指環に誓った。

この女性の名は、清水紫琴。明治一〇年代、自由民権運動が活発化していくなかで、ほぼ初めての女性活動家として、文壇などを通じて女権運動に取り組んだ人である。

歴史のなかの法律婚と事実婚

一般に、明治近代化以降、女性の法的権利は下がったといわれる。とくに明治三一年に制定された明治民法はそれを明文化しているのだが、二〇二四年の春から放送されたNHKの朝ドラ『虎に翼』は、その時代以降を描いた物語だ。法律に興味をもった主人公寅子は、戦後になって日本で初めての女性裁判官となった三淵嘉子がモデルとされるが、三淵は人生の一大事件の一つとして、当時の大日本帝国憲法で判事（裁判官）になれるのは日本男子に限るという条文に衝撃を受けたという。

もちろん判事になれないというだけではない。ドラマの初頭で、最も印象に残ったところに、結婚した女性は法的に「無能力者」となる、という一文に対して、主人公寅子が「はて？」と疑問符をつけるシーンがある。重要な法的行為や財産の管理等は夫の許可を得ねばできなかった。加えて、先ほどの清水紫琴の夫のように、夫は妾をもつことは許されたが、妻が夫以外の相手と性的関係をもつことは姦通罪となり、禁固刑であった。直系親族に男子がいないという例外を除けば、女性は戸主（家長）にはなれず、財産の相続権もなかった。

実は、このような時代において、法律婚と事実婚は、今とまったく様相が異なるものだった。現代において事実婚を選択する人は、法律婚を選択する人に対して圧倒的に少ないが、実は戦前においては事実婚のほうが一般的であったという。というのも、先ほどの民法さながら、家の維持が最優先され、妻が家に馴染めるかどうか、子どもを産めるかどうか、が重要課題であり、また戸籍に傷（いわゆる×）をつけないためにも、お試し期間として妻が見届けの状態で家に入り、第一子の誕生をもってはじめて届け出（法律婚）がなされたという。逆に、家に馴染めず子どもを産めなかった女性は、石女（生まない女・うまづめと読む）と呼ばれ、離縁させられた[5]。

戦後になり、こうした家制度と家父長制への見直しがされた段階になると、事実婚＝家制度や家父長制の温存＝封建的とされ、法律婚＝夫婦の家制度からの離脱＝民主的という構図となった。法が介入せず強権をもっていた家長の力から、夫婦が自由となり、また法というガイドラインの下、夫婦とくに女性（妻）の権利を守ることが重要視された結果、法律婚が望まれるようになったという。

一九八〇年代以降、男女雇用機会均等法の成立など女性が労働社会に進出するようになると、法律婚による改姓のキャリアへの悪影響や、性別役割、姻族関係からの自由などが求められ、事実婚が選択肢として浮上するようになった。

現代における事実婚

現状、事実婚とは「法律上の要件（届出）を欠くが、事実上夫婦としての実態を有する関係」を指す[6]。令和三年（二〇二一年）内閣府の調査で初めてその割合が示され、成人人口の二～三％の人たち、法律の内外を問わず婚をしている人たちに限れば、法律婚：九六・三％、事実婚：三・七％で、三・七％の人たちが選択する関係のあり方だと言える。

事実婚選択の理由は、①「夫婦別姓」（女性八九・三％／男性六四・〇％）、②「戸籍制度に反対」（女性八六・八％／男性七〇・七％）、③「性関係はプライベートなことなので、

（5）阪井裕一郎『事実婚と夫婦別姓の社会学』白澤社、二〇二一年

（6）「男女共同参画白書令和4年版　コラム3　事実婚の実態について」男女共同参画局、https://www.gender.go.jp/about_danjo/whitepaper/r04/zentai/html/column/clm_03.html

国に届ける必要を感じない」（女性七〇・八％／男性五九・七％）、④「性別役割分業から解放されやすい」（女性六二・一％／男性三六・七％）、⑤相手の非婚の生き方の尊重（女性二六・〇％／男性六三・三％）[7]。⑤を除いて①〜④すべて女性の回答が男性を上回り、⑤の内容を考慮に入れれば、事実婚を望む人たちは女性に多いと言えるかもしれない。法律婚によって改姓するのが女性九四・七％、男性五・三％[8]という現状をふまえれば、法律婚によって変化を強いられるのが圧倒的に女性であることが、その背後にあると言えるだろう。

ちなみに、事実婚のメリットは、姓を変更しないことが可能、「家」規範・「嫁」規範からの自由、国家に管理されない関係、伝統的性別役割規範（ジェンダー役割）からの解放などがあげられ、逆にデメリットとしては、配偶者控除など税金控除が適用されない、パートナーが死亡しても手続きなしでは相続人になれない（遺言や公正証書によって可能だが高コスト）、共同親権が不可、医療現場などで手術同意書へのサインや面会、医師からの病状説明を聞くことができない[9]などがあげられ、上記メリット／デメリットは、法律婚の場合には当然、反転する。

「婚」のもつ意味——内的関係

事実婚・法律婚問わず、「婚」という関係にどのような意味があるのか、これまでの三つの論考をふまえると、内的関係と社会的承認との二つに区分できるように思う。

第一に、パートナーとなった相手との関係をどういうものにするか。法律婚はその関係を、自分たちの外側にある制度と言葉を使って表現することになるのだと思う。届け出を

(7) 善積京子『近代家族を超える』青木書店、一九九七年

(8)「夫婦の姓（名字・氏）に関するデータ」男女共同参画局、令和4年データ、https://www.gender.go.jp/research/fufusei/index.html

(9) 阪井裕一郎、資料「日本社会における事実婚の実態」、内閣府男女共同参画局「人生100年時代の結婚と家族に関する研究会」（二〇二一年一一月三〇日）

出し、式を挙げ（もちろん挙げなくてもよい）、現状ではどちらかの姓に統一する（せねばならない）。そして、名実ともに夫や妻となり、人前の相手の呼称もそれに準ずる形となる（うちの夫、旦那、主人が／うちの妻、嫁、かみさん、家内が）。制度も二人の関係をバックアップし、そのメリットは上に書いたとおりだ。

この自分たちの外側にある制度と言葉を使って内的な関係を規定することで、自覚とか、責任とか、規範（そうあるべきだと行動すること）が生じるのかもしれず、それを双方が望んだ場合（双方の願い、規範が一致した場合）は、うまくいくのかもしれない。夫は外で働き稼ぐ（稼いでほしい）、妻は家事や子育てで家を守る（守ってほしい）が一致する、というように。

しかし、夫とか妻といった外側の言葉がもつイメージのすり合わせをすることなしに、いきなりその言葉を自分たちにかぶせてしまうと、自分にも相手にも「夫／妻なんだから、こうすべき！（こうしてよ！）」という際限のない欲求・要望を突きつけてしまいそうで、「男性として楽なほうに自分がどんどん流されてしまいそうだな」という危惧（石塚）をもつ人もいる。加えて、暮らしや子育てを「共に担うという『実質』」（名村）こそ、優先したいことであって、それを邪魔立てする規範[10]が生じるならば、その可能性を取り除いておきたいという思いをもつ人もいる。

私は過去、結婚話がもちあがったとき（結婚は選択肢の一つでしょと伝えたら破綻した）、民法全文を読み漁ったことがある。実は家族法なるものは存在せず、正確には民法の親族編と相続編が正式な呼称だというのも初めて知ったが、読んだとき思わずギョッとしてしまった。

（10）近年のドラマでは、結婚に際して「大黒柱にならねば」と〝勝手〟に思った男性と、〝勝手〟にそれを願った女性の二人の戸惑いが描かれ、縛られるなら結婚やめようと結論づけた劇中の選択は現代的と言えるだろうか。

たとえば、「夫婦の一方が婚姻前から有する財産及び婚姻中自己の名で得た財産は、その特有財産（夫婦の一方が単独で有する財産をいう。）とする」（七六二条）。疑問なのは、給与収入は当然「自己の名で得た財産」であり稼ぎ主の特有となるならば、ここにいわゆる再生産労働（働き手が、働けるように衣食住を整える仕事／ケアが必要な人の暮らしを支える仕事）は、どう位置づくのだろうか。「夫婦は同居し、互いに協力し扶助しなければならない」（七五二条）から、共同生活が名実ともに成り立っている間は、それでよい。しかし、なんらかの事情により離婚となった場合、「財産分与の請求」（七六八条）ができるのだが、働いていた相手が実は財産をギャンブルにつぎこんでいて貯金がなかったとか、なんらかの事情で無職になった場合、めちゃくちゃ頑張って相手の仕事を支えていたとしても、その努力や時間は（お金の観点からだけ見れば）、水泡に帰すのではないか。正直、これを読んだとき、怖くて専業主夫にはなれない、と思った。

また、法律婚の「特権」である「配偶者控除」は、「一〇三万の壁」といわれるように、夫婦関係の働き方の一部を規定する。しかし、これはどうやら、さまざまな政治的思惑から生じたという歴史がある。一九六一年に配偶者控除が導入され、その後控除額が拡充されていったが、その背景には、農・自営業者が主な支持基盤だった与党が、戦後の高度経済成長期の真っ只中で増加するサラリーマン層の支持拡大を狙っての実施だったという[11]。当時、女性が家族を支えられるほどのサラリーをもらえる仕事なんて、教員か看護師といったごく一部のものに限られていたことを考慮すれば、配偶者控除のような制度は、サラリーを得る男性と専業主婦の女性[12]という夫婦の形を外側から後押ししたとも言える。ちなみに、妻が夫のことを「主人[13]」と呼ぶようになったのも、この時期から名実ともに夫の稼

(11) 配偶者控除は「主要な野党が雇用者（雇用される者）向けの減税を推進し，自民党がそれに対抗するという政党間競争を通じて拡充された」とある（「配偶者控除制度の変遷と政治的要因」豊福実紀、『社会保障研究』二〇一七年）。

(12) 一〇三万以下の配偶者がいる場合の三八万円控除。稼得者を支える「内助の功」を制度的に認めたわけだが、その貢献が月額三万円強というのは、それを担うものへの眼差しが見え隠れしているように思う。

(13) 主人の対義語は、妻ではなく「奴隷」なのではないか、と言葉にしたら、夫を主人と呼ぶ人たちはどう答えるのだろう。

ぎによって一家の暮らしが成り立つようになったことが背景にあるそうだ。逆に戦前においては、お手伝いさんがいるのが一般的で、家長をご主人様と呼ぶお手伝いさんとの混同を避け、妻は「夫」と呼ぶのが通例だったという[14]。

となると、夫婦の形も、人前で相手をどう呼ぶかでさえ、所与のものではなく、制度や時代に多かれ少なかれの影響を受けたものだと言える。自分たちの関係を制度に則って規定するのか、それとも制度に則らず模索する方向にいくのか、自分たちの関係へのこだわりと制度へのこだわり、その間の折り合いをどうつけるか、という問題が浮上する。

「婚」のもつ意味——社会的承認

もう一つの意味あいとしては、民法上の手続きによって受理された関係であり、その法に則ってさまざまな権利を付与してよい関係だとお墨付きをもらうこと（＝社会的承認)。

「まわりに説明をしなくてすむ」「ほっと感」ということもあるし、それを超えた、なにか願い（一生一緒にいられる関係とか？）を込めてそれを望む人もいる。ＬＧＢＴＱ＋のカップルの場合は、異性同士のカップルであれば法律婚と同等の関係を築いているのに、同性という点でそこから「排除」されるのはおかしい[15]、と自分たちの権利としてそれを願うのかもしれない。

しかし、この社会的承認を望む人たちがいる一方、承認されるという「『周囲の理解』が、『周囲の期待』として、ネガティブな方向へと働く」（石塚）のならば、それらから一定の距離をとっておきたい、という人もいる。

自分たちの外側にある親族関係について、民法は以下のように規定する。たとえば、「直

(14) 『東京新聞』二〇二三年九月一五日朝刊

(15) 相続等の権利を得る苦肉の策に「養子縁組」がある。しかし、一度縁組した間柄は解消後でも法律婚ができないため、同性婚成立の諦めにつながる。諦念とともに、親子となる選択しかないのは、なんともおかしな話だ。

系血族及び同居の親族は、互いに扶け合わなければならない」（七三〇条）、「直系血族及び兄弟姉妹は、互いに扶養をする義務がある」が、「家庭裁判所は、特別の事情があるときは、前項に規定する場合のほか、三親等内の親族間においても扶養の義務を負わせることができる」（八七七条）。ちなみに、親族とは六親等内の血族、配偶者、三親等内の姻族（配偶者の血族）であって、仮に私が法律婚をした場合、私の配偶者の三親等内に入るのは、曾祖父母、祖父母、父母、叔父叔母、兄弟、そして姪甥にあたる。私の父母はともかく、それ以外の親族は、配偶者からすれば年に一度会うか会わないかくらいの関係であろう。そのような親族が天涯孤独な状況になったとき、私の配偶者にまでケア（扶養）のお鉢が回ってくる可能性は捨てきれないし、当然その逆だってありうる。困ったことに、法律婚はその社会的承認機能と引き換えに、親族などの社会的関係にも、自分たちの意図を超えた法的根拠が自然と伴ってしまう。

それらも当然、織り込み済みで法律婚を願う人もいるだろう。しかし、法律婚が二者の間（親族関係も含めるならばそれ以上の）の契約行為であることは疑いの余地もなく、であるならば、おいおい聞いてなかったよ、という事態を避けるためにも、民法全文を二人でじっくり読み合う時間を設けることをおすすめしたい。とくにぼくのように、考えすぎで慎重で疑り深い人間ならなおさら。とはいえ過去の経験上、とくに結婚にロマンを感じている相手の場合、煙たがられる可能性がこの上なく高いのは言うまでもない。しかし、互いの違和感を率直に出し合い、制度や世間と共闘することができるならば、それは「本当に心強く……パートナーへの信頼感が増」すことにもつながるかもしれない。

「婚」の形を話し合うことから始まる闘い

結婚が、女性にとっての夜の始まりだったのは過去のことだ、と言い切れるようには思えない。先ほどあげたように、現代になっても、結婚して名字を変えるのは圧倒的に女性であり、出産を機に離職するのも女性、離婚して貧困に陥りやすいのも女性、共働きだったとしても、家事育児に割く時間が多いのも女性、である。しかし、もはや困っているのは女性だけではない。

一組のカップルが、無人島で二人だけで生きていくというのであれば、あれこれ悩まされることはないだろう。二人の外側にあるさまざまな関係と、折り合いをつけて生きていくことを選択するならば、ある種の戦略性、知性とも言ってよいものが必要なのかもしれない。

「結婚式の家中心主義も純潔主義も永遠の誓いも形式を保つための虚構としか思え」ず、「戸籍」という「不可解な管理制度も嫌」、「何より、カップルがカップルとしてあり続けることが、なぜ『結婚』によって特別視され特権化されるのか、根本的なところが納得できな」い、という違和感（名村）。「『夫だったら』『妻だったら』『嫁なら』と言われそうな場面でも、『いや入籍してないから』ということがそのような言葉の先を続けづらいものにする」事実婚という選択（石塚）。「結婚式は？」「子どもは？」など、「自分たちのパートナーシップが世間の結婚観で受け取られると、延々とそのイメージにつき」あわなくて済むように、総論としての法律婚を済ませ、各論で抵抗するという戦略（渡部）。違和感を大事にしつつ、このような戦略をとらねば、自分たちなりのパートナーシップを築けないのは、戦前から戦後、そして現代になっても根強い結婚観や家族観とさえ言える旧態依然の文化の残滓《ざんし》だ。

重要なのは、おそらく、それぞれが目の前の相手とどのような関係を築きたいと思うのか、それがどうしたら現実のなかで可能なのかを話し合い、関係そのものを相手とともに模索する、その営み自体が、文化の残滓に対する抵抗、闘いなのだろうと思う。そして、それは法律婚でも事実婚でも変わりがないのかもしれない。

清水紫琴は、自身がはめた「こわれ指環」に「真の価（価値）」があるかどうか、「恐らく百年の後」にならなければ、わかることはないだろうと述べた。このような「婚」をめぐる違和感や格闘が、次世代の宝ものとして伝えられるならば、いずれ光輝きだすのだろうか。

COLUMN 婚姻は売淫である!?

恋愛という観念は一二世紀のフランスで生まれたもので、それ以前には存在しなかった。日本でも、明治時代になって急に入ってきた「恋愛」の考え方に、北村透谷は作家として衝撃を受けた。それまで、動物的な欲望に駆られるままに衝動を満たすのが男女の性的関係と考えられてきたのだが、男女の平等と人格的尊敬をもって関わるのが「恋愛」なのだという観念に出会い、人生をゆさぶられたのだ。

日本では、古事記の時代から、男女が「目合《まぐわ》う」という言葉に象徴されるように、人格的尊敬というよりは、ひとめぼれ的な関係が男女の性関係だと考えられてきた。じつは、ヨーロッパではもっとひどかった。ヨーロッパが自らの模範としてきた古代ギリシアでもローマでも、女性の地位は著しく低いもので、「子どもを産む動物」程度の扱いだった。

ところが、女性に対する人格的尊敬を基礎に、生殖的行為との断絶さえも含む精神的交流という観念を生み出した者がいた。一二世紀に、スペインにおけるイスラム文化に強い影響を受けたフランスの吟遊詩人（トゥルバドール）たちだ。

一二世紀の南フランスではカトリック教会が自ら売春宿までも経営し、堕落と退廃を極めていた。それに反発して、カタリ派を中心に「清純」で清貧な生活こそがキリスト教の本来のあり方ではないか、という運動が広がった。彼らは、カトリックが性的欲望の充足を事実上肯定是認し、「婚姻」に基づく生殖的関係を認めたことに強く反対して、「婚姻は売淫」と同じではないかと批判した。だが、このカタリ派はカトリックの逆鱗に触れ、丸ごと歴史のなかから抹殺されてしまったという。

人格的尊敬に基づく「純愛」と、性的欲望の充足としての「性愛」との間には、どのような関係があるのか。単なる性的欲望の充足が結婚によって正当化され、結婚による性交渉であれば、それだけで愛情が確証されたかのように考え、時にはパートナーへの支配や独占欲、さらには性暴力さえも愛の表現だと言いくるめる――そうした「恋愛結婚」なるものの虚構を正面から吟味すればするほど、「婚姻」がむしろ「売淫」の正当化にすぎないのではないかというカタリ派の主張は、性と愛という人類が一度も解決したことのない難問に対して、鋭い問題提起をしている。（佐藤和夫）

第3章

子どもの登場という衝撃

INTRODUCTION

子育てをやってみるとよくわかる。親にとっての子どもとは、しごく両義的な存在だ。「子に過ぎたる宝なし（この世界に子どもに匹敵する宝物はない）」。しかし「子は三界の首枷《くびかせ》」でもあって、親は子のためにその一生（過去・現在・未来＝三界）を束縛される。なんでこんなにかわいくて素敵なのかと思う一方、いつかの自分の、子どもへの言動を後悔しては悩み、衣食住など今の子どもの要求を満たすために奔走し、将来この子がこの世界で満足して生きていけるだろうかと憂えたりする。しかも、お金もたくさん必要で首も回らないから、足枷ではなく首枷というのも言い得て妙である。

子どもはこのような、多大な喜びと多大な労苦を一緒に引き連れて、この世界に登場する。その衝撃は計り知れないものがあって、一組のカップルに子どもがやってきた場合、それ以前の関係のあり方を思い出すのが困難なほど、強制的な変化を迫られる。ただお互いに見つめ合って、おしゃべりして、食事も適当に作るか外食で済ませばよかった関係から、子どもを前にして、横並びで手に手を取り合って協力せねばならない。子どもや子育てに対する価値観や志向が近ければまだよいが、根本のところでわかり合えなかったり、食い違ったりすると、カップル関係が破綻することさえしばしばある。

とりわけてやっかいなのは、生殖の仕組みについては学ぶし、特に結婚したあとは子どもを産むことを明に暗に勧められたりするものの、このような衝撃的と言ってよいほどの人生の変化やその労苦についてはあまり語られることがないということだ。

この章では、子どもをもつか否かにひそむ葛藤、子どもを身ごもった際の身体や意識の変化、カップル関係の築き方や社会との関わりようの変化など、それぞれが直面した問題や葛藤を描きだす。そのうえで、この世界に子どもが生まれるということが、個々にとってどういう意味をもつものなのか、考えてみよう。

1　私は子どもが欲しいのかどうかわからない

小林　悠

私は本当に子どもを産みたいのか

結婚して数年経ち、稼ぎは少ないものの、仕事にも慣れてきて何か新たな刺激がほしくなったせいなのか、私はパートナーに「子どもはほしいか」と尋ねてみた。私が三〇歳を目前にしていた頃のことである。私とパートナーは、子どもがほしいかどうかを曖昧にしたまま結婚してしまったため、パートナーに確認しなければわからなかった。パートナーは、「子どもがほしいかどうかはわからない」と答えた。

その後も数か月おきに、何気なく尋ねてみても、同じような答えが返ってきた。パートナーは、自分たちが子育てをするには経済的に厳しいし、子育てによって何より自分の時間を奪われることが嫌だと説明した。当時の私は、まだ子育てに対する憧れや興味が強かった。一方で、パートナーは八歳年下の妹と、一六歳年下の弟、そしてたくさんの年下の従兄弟たちと育ったため、子育てがどれだけ大変かを見たり、経験していたそうだ。パートナーの子育てに対する印象は、きわめて現実的であった。

私は、今現在の話としてではなく、将来のこととして話し合えないものだろうかと苛立った。しかし、パートナーは「将来のことはわからない」「将来子どもがほしいかどうかなど、無責任には言えない」と言うだけだった。私は、「いつかは子どもがほしい」という言葉が聞けることを心のどこかで期待していたが、その言葉は決して出てこなかった。それは私を少し落胆させるものだったが、同時にパートナーのことをとても誠実な人だと思った。

この出来事をきっかけに、いつかは子どもを持つものだと思っていた私は、自分は本当に子どもがほしいのかと考えるようになった。これは苦しい悩みだった。正直なところ、自分自身も子どもがほしいかどうか、さっぱりわからなくなってしまったからだ。おそらく、困難もなくパートナーの合意が得られていたら、このような悩みや葛藤を経験することはなかっただろう。

私は、友人にも相談してみた。何人かは私の言うことを理解はしてくれたものの、同じような悩みを共有できる人はあまりいなかった。また、自分の子育てがどれだけ素晴らしかったかを伝えようと、もしくは自分が子どもを持てなかったという同じ後悔をさせまいと、私に出産することを強く勧めた人もいた。ある日、習い事の帰り道、五～六人でおしゃべりをしていたら、出産の話題になった。私は正直に悩んでいることを話すと、最年長の七〇代の女性は、「結局は、あなたが産みたいかどうかよ」と気持ちのよいほどはっきりと言った。他の女性たちは「わかる～！」と口をそろえて同意した。考えれば考えるほど、産みたいか産みたくないかわからなくなってしまい、私はなんと意思のない人間なのだろうと自責した。

しかし、私が友人と話したかったのは、自分の出産について直接アドバイスをもらうためではなかった。ただ、同じ女性という当事者同士、出産にまつわる悩みを共有できることを期待していただけだった。自分の母親世代と比べると、明らかに私たちの世代はジェンダー平等に近づいているものの、依然として、日本社会で子どもを産み育てるには多くの障壁が存在している。また、近年では非正規雇用が急増し、平均所得はここ三〇年間横ばい、都市部で生活したり、シングル家庭で子育てをしていくのは容易ではない。そのような社会環境のなかで女性という立場であることは、出産などを機に社会的弱者へと追いやられてしまう危険性をはらんでいる。女性であるからには、このような社会問題が気にならないわけがない。少なくとも、私が子どもがほしいかどうかわからなかったのは、まさに、このような不安と、子どもを産み育てたいという憧れがせめぎ合っていたからである。

悩んでいた当時は知らなかったのだが、近年の妊娠や家族計画に関する研究や政策のアプローチは大きく変わったそうだ。かつては、妊娠したいか、したくないかと二元的に考えられており、私のように妊娠に自信がもてない女性たちへの避妊や妊婦健診での助言に課題が見られていた。しかし最近では、「妊娠したいかわからない」「子どもがほしいかわからない」という曖昧で複雑な思いも考慮し、妊娠をより連続的にとらえる必要性があると言われるようになってきている。先進各国で行われた妊娠に関する意識調査の結果、なんと三~五人に一人の女性が「わからない」と答えている。また、『ニューヨーク・タイムズ』と米調査会社モーニングコンサルトが米国内の二〇歳から四五歳の男女を対象に調査した結果、まだ子どものいない人の一六%が、本当に子をほしいかどうか「よくわからない」と答えた。さらに、米疾病対策センター（CDC）が母親になったばかりの女性を対象に行った大規模調査によると、妊娠した女性の九%から一九%が、望んだ末の妊娠かどうか「わからなかった」ということだった。

普通に暮らしていると、出産や子育てがあまりにも大げさに賛美されていたり、繊細なトピックなため議論そのものが避けられているようだった。この問題をさらに考えるために、私は「出産したくない」「出産しない」と考えている女性の話を聞く必要があった。

スペインのドキュメンタリー『出産しない女たち』[1]では、多くの女性が「子どもを産むのが女の幸せ」だという社会の通説に苦しめられていることが浮き彫りにされた。このドキュメンタリーでは、子どもがいない女性の見られ方、母性本能という欺瞞、女性の経験する抑圧、出産後の後悔などが複数の女性らの立場から描かれていた。これだけ環境破壊が進むなか、子どもを産まない選択のほうがむしろ良心的行為ですらあるのではないかと言う女性もいた。これらの意見は、なかなか日常生活では聞くことのできない貴重なもので、私に大きな影響を与えた。それにもかかわらず、このドキュメンタリーを観た後でも、自分が子どもがほしいのかどうかは依然としてわからなかった。しかし、私の出産・子育てに対する執着心とも呼べるような悩みは、本当の自分の願いから生まれたというより、多かれ少なかれ社会的につくられたものだということに気づいた。私は、子どもを産みたいと心から望んでいたというより、いかに出産と子育てという人生のビッグイベントを、自分の人生をメチャクチャにされずにうまく乗り越えられるかを心配していたのだった。実は、私は自分の人生を生ききれていないことこそが最大の問題なのだ、ということを自覚せざるをえなかった。

この気づきを経て、私は子どもがほしいかどうかを悩むというフェイズから、自分の人生を生ききれていない苦しみからいかに脱却するかを模索するフェイズへと移行したのだった。かつてパートナーとの意見の違いを知った時には、いかなる選択をしても不幸だと

(1)『出産しない女たち』(原題:[m]otherhood, 2018)は、「BS世界のドキュメンタリー」で放映。社会がつくりあげた「母性神話」と「子どもを持たない女性」への偏見に反論し、母親にならない選択の正当性を示す、複数の女性たちの声を伝える作品。

思えて絶望していた。出産を諦めるならば、それはもはや私の意思ではなく、パートナーの意思に合わせた結果となってしまうのではないか。出産をしたいならば、パートナーとは別れたほうがいいのかもしれないが、そこまでして自分は子どもがほしいのかもわからない。パートナーの意見が今後変化する可能性を信じてみようか……。いろいろ悩んでみたものの、どれも自分の本意とは思えなかった。結果的に私は、「自分は出産して子育てをするものだ」という前提条件を意識的に外すことから始めることにした。そして、自分が本当に関心のあることに思う存分没頭してみようと決めた途端、希望の光が見えてきた。

自分の人生を生きされていないことからの脱却

いったん「私には子どもはいらない」と意図的に仮定し、しばらくこの問題を保留にしておくことを決め、自分が関心をもっていることに思い切って挑戦してみることにした。その一つが大学院への進学だった。私は大学院修了後、非常勤職ではあったが、自分の専門性を活かせる仕事ができて満足していた。そのうちにさらに専門性を高めるため博士課程に進学したいという好奇心が出てきたものの、学位を取るまでに五年以上はかかるだろうし、出産の可能性を考慮して、どこか足踏みしてしまっていた。

この進学の決断をする際、いかに自分が出産にとらわれていたかということに気づいた。それほどまでに出産したかったのでは、と思われるかもしれないが、今思うと、願いというにはほど遠く、自分の人生に重くのしかかるような感覚だった。パートナーは、私に出産を一切期待していなかったにもかかわらず、当時の私はこれほど強く出産を意識していた。

仕事を続けながらの博士課程進学で、生活がかなり忙しくなると、私は以前より家事ができなくなった。パートナーとは家事分担を前提に同居していたものの、料理にしろ、掃除洗濯にしろ、私は何かと早まわりして動いてしまう性格だった。その結果、私のほうが家事分担に不平等感を抱いて、喧嘩になることがよくあった。しかし、私の家事がいいかげんになってくると、不思議と家事分担のバランスがとれてきて、うまく助け合える関係性へと変化していった。

私がこれまで家事に手を抜けなかった理由の一つに、出産後に子育てだけではなく仕事も続けられるためには、パートナーとの家事分担が不可欠だと思っていたことがある。子どもができたらもっと大変になるはずだから、子無しの余裕があるうちにパートナーと完璧な家事分担ができることを勝手に目指していた。この前のめりの姿勢が他者をコントロールしようとする気持ちを誘発してしまう結果となり、皮肉なことに、自分の願いと反する人間関係を生み出してしまっていた。

こうした私の必死さは、明らかに社会問題からきている。日本では、女性は男性の六倍の時間家事に従事しており、女性の正規雇用率は二〇代前半をピークに二〇代後半から激減する。(2) 出産を機に、働きたくても働けない、やり甲斐のない仕事しか任されなくなったという葛藤を抱える現象を、マミートラックと呼ぶ。納得のうえで仕事と家事を夫婦で分業しているのだという人もいるかもしれないが、万が一離婚する場合、離婚家庭の八割以上が女性側に養育責任が伴う現状を踏まえるならば、(3) 子育てを機に稼ぎの減った女性は一気に貧困へと追いやられる。平均給与所得からもジェンダー不平等は明らかであり、出産する性という条件をもって生まれたがために、女性が自分の人生を生きるにはまるで綱渡

(2) 「社会生活基本調査」(総務省、二〇二二年)、男女共同参画局(二〇二二年)

(3) 「全国ひとり親世帯等調査結果報告」厚生労働省、二〇二一年

りのような状況だ。この事実を覆い隠すかのように、今日の日本社会では、有名人女性をプロパガンダに「家庭と仕事の両立」や「女性活躍」が謳われる。子育てに積極的に関わろうとする男性が確実に増えてはきているものの、実際に育休をとる男性は、依然として低いままである。[4]育休をとりたくてもとれない男性、子育てを前提とした働き方を認められていない男性は多くいるだろう。このような状況は女性だけでなく、男性をも生きづらくし、共同で子育てをしたいと願うカップルたちを絶望させるだろう。男女どちらにとっても、まだまだ家庭と仕事の両立は〝無理ゲー〟だ。

こうした社会環境のなかで出産を決意することは、目をつぶって「えいっ！」と決めるようなものだった。「産んでみないとわからない」とたくさんの人から言われた。たしかに、産んでみないとわからないに決まっている。しかし、産んだあとに、社会構造による格差をまざまざと感じさせられ「こんなはずじゃなかった」と絶望した時、誰が私を助けてくれるのだろうか。必死に（そして多くの場合、女性のワンオペで）子育てしながら仕事をしている女性たちから「産んでみればなんとかなる」と言われるほど、足踏みしてしまう自分がいた。平成生まれの私、男女共同参画基本法が制定された後に大人になった私ですら、あらゆる側面で「平成のミソジニー」[5]を経験してきた。ジェンダーギャップ一二五位[6]の結果からも明らかなように、日本社会は、国際的スピード感をもってこの問題に変化を起こせてこなかった。

経済力の乏しさ、パートナーとの価値観のズレ、ジェンダー格差、環境危機、戦争等、真剣に考え始めたら、産むのを踏みとどまってしまうような理由など山ほど思いつく。そんななか私が強調したいのは、出産に対する不安や違和感を無視して、えいと目をつぶって

(4) 厚生労働省の「雇用均等基本調査」によると、八〇％以上の女性が育児休業するのに対し、令和以前には男性の育休取得率は一〇％未満であった。

(5) ミソジニーとは、男性の立場から訳すと「女性蔑視」であるが、女性の立場から訳すと「自己嫌悪」となる（上野千鶴子『女ぎらい』朝日文庫、二〇一八年）。

(6) 世界経済フォーラム（WEF）のGlobal Gender Gap Report（世界男女格差報告書）による。日本は、二〇二三年は一二五位と、前年の一一六位からさらに下落した。

決めてしまうよりも、立ち止まって思考してみてもいいのではないか、ということだ。出産しない女性には、どこかで特別な理由が求められるプレッシャーがある。反対に、出産する女性が「どうして出産するの？」とは決して尋ねられることはない。たとえ答えが出なかったとしても、意外とこの問いは女性の人生にとって有意義なものではないだろうか。そして何より、多くの女性が出産と向き合う宿命にあるからこそ、もう一度「自分は自分の人生を生きているのか」と自らに問いかけてみてもいいのかもしれない。

もう私は子どもはいらない

私は、自分の人生を生きるために、あくまでも「子どもを産まない」と仮定しただけで、決断する必要はないと思っていた。しかし、産むことを想定して無意識に設定していたストッパーが外れたことで、私はそれまでできてこなかった挑戦をできるようになった。自分の興味や関心をもとに世界が広がっていったり、深まっていくことで、自分自身がどんどん満たされていく感覚を得た。もしかしたら、かつては満たされない自分、自信のない自分を、母親になることで埋められるようになるのではないかと思っていたのかもしれない。別にキャリアが大成功したわけではない。ただ単に、自分の人生に「足る」を知ったことで、子どもがいない人生は「どこか欠けた人生」だとは思わなくなった。

もう一つ、重要な気づきがある。この時期に、私は気候変動に対して強い不安感を抱くようになった。子どもの頃から環境問題に対してうっすら関心をもちながらも、あまりにもスケールの大きな問題で、どこか他人事だった。しかし、年々深刻化する異常気象が気がかりになり、気候危機を認識した。地球温暖化は、熱波や豪雨のような気象災害だけでなく、山火事、海の酸性化、自然生態系の壊滅的危機、感染症の拡大、水や食料資源の不足等の、私たちの命に関わる問題を引き起こす。このような生活の根底を揺るがす状況は人びとの心の余裕を奪い、ますます紛争が起きやすい世界に突入していく。世界はなんとか地球気温の上昇が一・五℃というティッピング・ポイント（tipping point）(7)を超えてしまわないように、温室効果ガス排出を抑えようとしているが、このままでは、二〇三〇年を迎える前に超えてしまうと予測されている。

私は、まるでパンドラの箱を開けてしまったかのように、環境問題への関心が止まらなくなった。何から始めてよいかわからなかった私は、取り憑かれたかのように自分のライフスタイルを見直したが、やればやるほど、私個人の行動変容のインパクトはあまりにも小さく、社会システムの変革なくして気候変動の問題解決はないことを自覚し、無力感でしばらく途方に暮れた。私は教師を生業にしているため、目の前の子どもたちの将来はどうなってしまうのかと強い不安感に襲われるようになり、仕事中も落ち込むことが増えた。

こうした背景から、将来に希望をもてなくなっていった私は、「もう自分の子どもは産みたくない」と、これまでよりも積極的に思うようになった。実は、このように「安全な未来がないなら子どもは持たない」と出産をストライキする女性が増えてきているのは、今日見られる世界的現象だ。この気持ちは誰にも言わずに半年くらいそっと自分の心に止めておいた。しかし次第に、人に言ってもいいかもしれないというほどの確信に変わっていった。さらに、「自分に子どもがいないから他の人の子どもたちがどうなってもいいわけではない」「子育てしない時間を自分のキャリアアップや趣味に使って死ぬより、その時間を未来世代に残せるよりよい社会づくりのために使いたい」という意思が生まれた。

（7）ティッピング・ポイントとは、少しずつの変化が急激な変化に変わってしまう転換点を指す用語であるが、気温上昇がある特定のレベルを超えると、気候システムに不可逆的な大規模な変化が起こる可能性があることが指摘されている（『環境白書』二〇一九年）。

そして、勝手におへそのあたりからむくむくとエネルギーが湧いてきて、「私は地域と繋がって活動するんだ」という何の根拠もないイメージができあがった。これは、不思議なことに、頭であれやこれや考えた結果というよりも、自然に生まれてきた願いだった。

かつて出産することに悩んでいた頃は、子どもはいらないという決断には大きな悲しみが伴うものだと漠然と予想していた。しかし自分の願いを見出して、意思をもった時の私の気持ちは、安心と平和と愛で満ちていた。

子どものいない夫婦生活

つい最近、久しぶりにパートナーに子どもはほしいか聞いてみた。答えは、これまでと同じだった。爽快に「今はいらない」「わからない」と。一方、パーソナリティがゆえか、女性であるからかわからないが、私はパートナーと結果的に同じような答えに行きつくのに何周もかかってしまった。しかし、何周も回って考えなければ、この社会でどうやって自分を「女性」としてセルフリスペクトしながら生きていけばよいかわからなかった。だから、これでよい。子どもがいようといまいと、セルフリスペクトできていない状態ではカップル関係もうまくいかない。かつての私は、カップル関係のなかで自信のない自分を満たしてもらうことで心の安定を得ていた、その自分の未熟さを認めよう。けれども、この数年間、パートナーとの子どもをめぐる価値観のズレをきっかけに、本気で「産む」ことと向き合えたおかげで、自分自身とも向き合うことができた。そして、新しい「自己」と出会うこともできたのだから、本当に人生は面白いと思う。

2 「対等なパートナーシップ」という絵空事

米原佑樹

対等におこなう育児とは

結婚と出産を経て、なぜか罪悪感が込みあげてきた。無意識に湧いた感情だったので、いったい何に対しての罪悪感なのか、最初は自分でもよくわからなかった。しかし、出産から二週間ほどした頃になって、その罪悪感は〝女性〟であるパートナーが背負っている負担を理解していなかったこと、そして、それにもかかわらず〝対等なパートナーシップ〟を築ける気になっていたことからきていることに気がついた。

二〇二三年の秋に、第一子が生まれた。寝かしつけやおむつ交換、哺乳瓶での授乳、沐浴など、数えあげればきりがない膨大な育児に追われる日々が同時にスタートしたわけだが、パートナーと二人で同じぐらい分担して行っていけば、ある程度余裕をもって乗り越えられるのではないかと、私は少し安易に考えていた。

しかし、そんな考えはすぐにひっくり返った。産後のパートナーが負っている負荷が、想像をはるかに超えて大きかったからだ。特に驚いたのは、夜の授乳の時だった。新生児のうちは、三時間おきに昼夜問わず大音量の泣き声にたたき起こされて、おむつ交換と授乳に格闘しなければならない。慣れないうちはその作業に一時間近くかかるため、それが終わった頃には、二時間後に再び課される授乳に怯えながら寝かしつけや洗濯などを急いで行うことになる。これを二四時間毎日繰り返すのだから、賃金労働ではまずありえない皮肉にも超非人間的な働き方だ。

それでも私は、授乳を交互に分担して行えばそれなりの睡眠時間を確保できるだろうと、どこか呑気に構えていた。しかしそんな浅はかな考えは、私が男性だからできることだった。パートナーは生成された母乳が胸にどんどんたまり、定期的に搾乳をしないと胸がはって夜も寝られないほどの痛みにおそわれる。そのため私が夜の授乳を担ったところで、結局パートナーは深夜も数時間おきの労働を強いられることになるのだ。交代で授乳をすればまとまった睡眠がとれるのは、母乳が出ない男性だけの話だった。

しかも、出産後の激痛が全身をおそっている産褥期に、その重労働を行わなければならない。出産前の両親学級で聞いたところによると、産後の母体のダメージは、なんと全治二か月の交通事故レベルだという。人によっては、この上にさらに帝王切開の痛みやホルモンの乱高下による精神的な闘いなど、さまざまなものがのしかかっている。

ここまで長々と書いてきたのは、男女の身体差について言及したいからではない。自分がこれらのことについて、まったくと言っていいほど無知だったことに衝撃を受けたからだ。マタニティブルーや産後は胸がはるといった一部の言葉は聞いたことがあったが、その具体的な実態はほとんど理解していなかった。ちょっとした不注意で簡単に命を落としかねない新生児を育てる一大事に、パートナーが背負う負荷についてこれほど無頓着でいては、まともに乗り越えられるわけがないし、そんな理解で思い描いていた〝対等に行う育児〟が、対等なわけがない。

そもそも私がもっていた対等のイメージは、どんなものだったのか。いま振り返ると「同程度の条件・苦労・自由」といった色合いが強かったように思う。平等という言葉の方が、当てはまるかもしれない。

私がそれを意識し始めたのは、小学生の頃だったと思う。当時、昭和三〇年代生まれの父はまさにモーレツ社員という働き方をしていて、家ではお茶碗洗いをよくしていたが、それ以外の家事は基本的に共働きの母に任せていた。「これでも結婚当初に比べたら、ずいぶん家事をしてくれるようになったんだけどね」「あなたはしっかり家事ができるようになろうね」と、父を引き合いに出しながら母から家事を教わった男子は、当時私だけではなかっただろう。男性である自分が、女性と同じぐらい家事をできるようになることが正しいのだと、自然に思うようになっていた。学校でもすでに男女混合名簿、技術家庭科の男女共学が当たり前で、「男は仕事、女は家事育児」という昭和の価値観から変化しようとしている時代なのだと、子どもながらに感じていた。

大学生になって、もともと志望していた小学校教員免許に加えて中学高校の家庭科教員免許を取得したことは、これらの経験とは無関係ではなかったと思う。家事に対する理解と技術を深めることは前向きにとらえられたし、女性ばかりの家庭科教員のなかに自分のような男性がいてもいいだろうと思ったのだ。

かくして自分のなかにできあがった「男女で同程度の家事育児を負担することが、対等なパートナーシップである」という常識は、ある種の理想として私のなかに残り続けた。

しかし、その前提となるはずの「パートナー間にどんな違いがあり、各々どんな負荷を負っているのか」という現実認識がごっそり抜け落ちており、まさに絵に描いた餅のような状態になっていた。

産褥期以外の女性特有の身体的負荷も同様だ。生理についても「月に一度出血があるらしい」と教科書で学んだ程度で、その時にホルモンバランスが崩れて生活もままならない状態になる人がいることや、法律で認められているはずの生理休暇を取ることも叶わず、痛み止めや高額なピルを飲用しながら平然と振る舞わざるをえない女性が多くいることは、大学生になるまで気づきもしなかった。妊娠中の苦労についても、学校に助産師さんが来てくれて話を聞いたこともあったが、胎児の重さや出産時の痛みの話、そして「お母さんはそれだけお腹を痛めて、あなたを産んだのよ」という少し道徳的な話の印象が強く、妊娠初期からつわりで毎日どうしようもない吐き気と倦怠感に苦しむなんてことは、身近な女性が妊娠するまで真剣には理解できていなかった。そして産褥期に至っては、恥ずかしいことにパートナーが妊娠するまで、その名前すら知らなかった始末だ[8]。

「この苦しみも知らないで、何が男女平等だ！」妊娠中、強烈なつわりに苦しみながら、パートナーが叫んだ言葉は今も鮮明に脳裏に残っている。

子育ての孤独

子どもが生まれて一か月ほど経った頃、友人から「孤育ての闇」という新聞記事を紹介してもらった[9]。その記事で紹介されていた女性は、夫と子ども三人の五人家族で、言うことを聞かない子どもたちの世話に日々追われていた。一方、夫は共働きであるにもかかわ

（8）そもそも医学会や研究会に女性研究者が少ない等のジェンダー格差があり、女性特有の健康問題はこれまでずっと軽んじられ、つわりなどの原因も最近までよくわかっていなかったという（藤波優「つわりの原因やっと解明　女性の問題『軽んじられてきた』と研究者」、『朝日新聞』二〇二三年一二月二〇日）。

（9）長野佑介「皿洗い中に涙、三児の母が陥った孤育ての闇　夫は『いいとこどり』」連載わたしの孤独、『朝日新聞』二〇二三年一〇月二二日

らず家事も育児も女性に任せ、たまに子どもと関わる時は女性に内緒でお菓子を買ってあげる等、いいとこどりをするばかり。毎日のイライラは収まらず、子どもの首根っこをつかんで怒鳴りつけてしまい、自分はなんてダメな親なんだろうと自己嫌悪に陥ることもあった。「私が頑張れば。私が我慢すれば」と台所で洗い物をしながら涙する女性に、夫は気づいた素振りを見せるも、声をかけなかったという内容だった。

他人事ではないと思った。この夫は、第三子が生まれた時に育休を取っているし、その後も週末には子どもたちを遊びに連れ出しているから、傍からは子育てに熱心な父親に見えるだろう。しかし、記事のなかで女性が「(育休を)取ってほしかったのは、体が思うように動かない出産直後だった。でも実際は、『仕事に都合がいいから』という出産一か月後だった。『子育てに協力的』という夫や会社のアリバイづくりに使われた気がして、ますます落ち込んだ」と綴っているのを読んで、ドキッとした。私も育休を取ったが、同じような境遇にいないとは言い切れないと思ったからだ。育休を取ったという事実だけで、対外的に少し自分をよく見せられた気にはなっていないだろうか。パートナーにかかっている負荷を理解した働きをしていただろうか。

二〇二一年にユニセフは、日本で父親に認められている経済的支援付きの育児休業が世界で最も長いことを根拠の一つとして、日本の育休制度を世界一位と評価した[10]。

実感以上に高い評価にぎょっとしたが、これはあくまで制度への評価だ。制度がいくら立派でも、日本の父親育休取得率は二〇二二年でわずか一七・一三%と低く[11]、その取得日数に至っては、なんと平均八・七日しかないという[12]。これでは、せっかく世界最長の育休

(10) UNICEF『先進国の子育て支援の現状(原題:Where Do Rich Countries Stand on Childcare?)』二〇二一年

(11) 厚生労働省『令和4年度雇用均等基本調査』二〇二三年

(12) 積水ハウス『男性育休白書2022』二〇二二年

も意味がない。

少ないのは平均日数だけではない。育休を取得した男性のうち、一日あたりの家事・育児時間が二時間にも満たない人が、なんと約三人に一人もいたという調査がある。[13]その人たちの勤労時間が八時間だとして、引き算された六時間は、いったいどう使われているのだろうか。まさに「アリバイづくりとしての育児休業」という言葉がぴったりな状況が目に浮かぶ。

私は育休を取ったというだけで「えらいね」「立派だね」という声をかけてもらったことがある。特に、ワンオペ育児が当たり前だった私の母親世代からすると、男性が育休を取得し始めたことは信じられないような進歩なのだそうだ。しかし「男性は、育休を取っただけでえらい」というのは、育児は女性が一人で背負わされるもの、という諦めからきている言葉なのだと思う。

(13) 日本財団・コネヒト株式会社『パパ・ママの育児への向き合い方と負担感や孤立感についての調査』二〇一九年一一月

結婚で突きつけられた現実

振り返れば、結婚に際しても、現実を突きつけられた瞬間が何度もあった。

パートナーとは当初からそれぞれにはっきりと取り組みたい仕事があったので、お互いにそれを無碍にせず尊重し合える関係を築こうという話し合いをもっていた。その結果、パートナーシップを結んでからの約一〇年間、そのほとんどを国や県を越えた遠距離で過ごした。

しかし徐々に、このままではもしもの時に困るのではないかという不安を抱き始めた。最近では事実婚でも法律婚と同等の権利が得られるようになってきていて、たとえば病院で家族以外面会謝絶の場面でも、同居の事実に基づき事実婚パートナーを家族と認め、面会を叶えてくれる病院がある。しかし私たちの場合は住所が異なるため、この関係性を証明するものがお互いの言葉以外にない。病院での緊急時の面会は困難を極めるだろう。実際にそのような悩みを経験した友人の話を聞いたこともあり、私たちは話し合いの末に別居のまま婚姻届を出すことを決めた。そうすることで、お互いのやりたいことを継続しながら、緊急時にはサポートし合える環境をつくれると考えたからだ。実際、私が仕事で渡米する時、パートナーにもすぐにビザが下りたことはありがたかった。

しかし、婚姻届を出したことで新たな障害や批判を被るようにもなった。たとえば別居婚については、幸い両方の親から理解があったのだが、知人から「なんで別居のまま？」「そんなの家族じゃない」という批判的な言葉を幾度となくかけられた。特に「奥さんが仕事を辞めて引っ越すのが当然だろ」と言われた時には、そのあまりに無自覚な差別的意識と、女性がやりたいことを犠牲にしてきた慣習の根深さに、愕然としてしまった。

また、名字は私が変えることを積極的に考えたいと伝えていたが、パートナーはこれを固辞した。「あなたが望んでそうしたとしても、その理由を聞かれるのは私なんだよ」という言葉は強く印象に残っている。男女の権利平等を考えて女性の名字にしたとしても、周囲は婿養子など女性方の家族に事情があるのだろうと考えるという。そして、その理由を男性ではなく女性側から探ろうとするのがたいていの世間の反応なのだから、結局負担はパートナーにかかってくる。どちらにせよ負担を被るのであれば、どうするかは自分で選びたいというのがパートナーの主張だった。考えすぎではないか、その都度説明していけばよいではないかという話もしたが、パートナーの意志は固く、結局名字は私のものになった。後日、女性方の名字にして結婚した友人夫婦について、何人かが「きっと奥さんの実家の事情だろうな」と陰で話しているのを聞いて、パートナーの考えはあながち間違いではなかったのだと思った。女性に向けられる世間の目を敏感に察知していたパートナーと、一切無頓着だった自分とのギャップを突きつけられた出来事でもあった。

しかし、パートナーが名字を変えた実害は少なくない。保険等の書き換えは多いし、執筆のある仕事なのでキャリアへの影響もある。さらにはパートナーを「米原家の娘」と呼ぶ人が現れ、これには二人で驚愕した。パートナーの歴史を無碍にするようなその発言は、アイデンティティに対してのリスペクトがあまりに欠けている。戦後すぐに家制度は廃止されたにもかかわらず、そういった人たちは今でも、結婚は家と家の問題であり、当人たちのアイデンティティはそれより軽いものだと考えているのだろうか。

結婚をしたことによって、求めていた緊急時の社会的承認は得られた。しかし、その弊害は、明らかに自分ではなくパートナーにのしかかっている。

先日、友人と男女の権利について話していた時、彼女が言った「会社の役員にしろ内閣にしろ、男女比が五対五になったら平等になるなんてことはない。一度全員女性になるところまで社会が経験しないと、本当に男女平等にはならない」という言葉には、女性がこれまで被ってきた圧力について強烈に考えさせられた。ここまで書いてきたことを経験する前の自分だったら、ひょっとすると違和感をもって受け止めたかもしれない。しかし今は彼女の考えに同意している。単純に男女比が均一になっただけでは、自分たちの苦しみを無碍にされ、なかったことにすらされる辛さを知らない人たちから、無神経な言動が飛び交うだけなのではないかと思うからだ(14)。

共有とエンパシー

結局、対等なパートナーシップとは何だろう。結婚では片方に社会的負担が重くのしかかり、出産後には片方が交通事故レベルのダメージを負いながら、もう一方は身体的には何の変化も生じないこのパートナーシップに、対等ということはありうるのだろうか。

あらためて「孤育ての闇」の新聞記事を読み返してみると、この夫婦の問題はパートナー関係の分断にもあるように思えてくる。記事の男性には女性の苦労が見えていないし、一方で、第一子の妊娠の時には家事をやろうとしていた男性がなぜそれを放棄するようになったのか、男性側の話も聞いてみたいと思うけれど、女性視点で書かれたこの記事からは、それが一切見えてこない。こうしたことからも、このパートナーシップが互いの視点を汲みとれない深刻な分断状態にあることがうかがえる。

分断のない対等なパートナーシップを築くために、私に必要なこと。それは、育児の時間の共有、そしてエンパシーを相手にもつことかもしれない。

育児の共有について考え始めたのは、ここまで書いてきたことを率直にパートナーと話し合った時に、「育児を仕事のように考えてはいけないと思う」と言われたことがきっかけだった。最初はその意味が正直よくわからなかったのだが、たしかに自分は育児をＴｏＤｏリストのように列挙して、それをどう分担するかという考え方ばかりしていたことに気がついた。そしていかに効率よくそれらのタスクを終わらせて、育児から解放された自

(14) アメリカの最高判事を長く務めたルース・ベイダー・ギンズバーグは、二〇一五年のジョージタウン大学でのスピーチで、「『最高裁判所に何人の女性判事がいれば十分か』と聞かれることがありますが、そういう時は『九人の定員がすべて女性で埋まれば』と答えることにしています。みんな驚きますが、実際に九人の男性が判事を務めた時、そのことに疑問を投げかけた人はいませんでしたよ」と語っている。

分たちの時間を多く確保できるかが、育児の負担軽減につながるのだと考えていた。

しかし育児とはそういうものではなかった。たとえば寝かしつけというと、〝パジャマを着せる〟〝ベッドに寝かせて泣いたら抱っこする〟といったタスクがイメージされるが、それらを黙々とこなしても、子どもが簡単に寝ることはない。子どもがうまく寝つけない理由は日によってさまざまで、子どもの様子をよく観察しながら適切なアプローチを毎晩試行錯誤しなければならない。子どもがいったい何を求めているのかわからず、一時間以上も苦闘する日には真っ暗な部屋で呆然としてしまうのだが、この模索を毎日続けていると、これは仕事ではなくコミュニケーションなのだということに気がつく。言葉をもたない赤ん坊にとっては一挙手一投足が自分の意志を伝える発信であり、育児とは赤ん坊の主張をしっかりと受け止め、こちらのアプローチを変えることで応答していくことなのだ。実際、奮闘の末に相手の求めるものに応えられるようになってきた時には、まさに心が通じ合ったような感動を覚える。

育児は子どもとのコミュニケーションだという理解に立つと、それをタスク化して分担し、さっさと終わらせようという考えは、根本的に誤っていることもわかってくる。もちろんある程度の分担が必要だが、それが過ぎては育児の本質的な意味が失われて極端につまらないものになるし、別々の作業が増えてはパートナー間の分断も進むばかりだ。分担よりも大切なのは、コミュニケーションに参加し、パートナーと子どもの三者が同じ時間を共有することだろう。実際、一緒に担える育児を協力して行ってみると、その合間に交わされるパートナー間の会話に大きな価値があることに気づくし、同じ育児をしていても各々に見えたものや感じたことが違って驚かされることが多い。そうした共有の積み重ねと、お互いの差異への理解は、さまざまな条件が異なる二人が分断されずに協力していくためには不可欠なことのように思う。

もう一つのキーワードにあげたエンパシーとは、他者の視点に立ってその感情や経験を想像し、理解する能力のことをいう。似た言葉にシンパシーがあるが、こちらは、自分がかわいそうだと思ったり似たような意見をもったりしている人に対して抱く感情を指している。どちらも「共感」と訳されることが多いが、両者の違いは、共感の対象をだれとするか、そしてそれが受動的か能動的かにあるといえるだろう。シンパシーは基本的には自分が感情移入できる相手だけを対象としており、それが思わず内から湧いてくる感情である一方、エンパシーは自他の区別を前提としたうえで、「考え方も置かれている環境も違うけど、もし自分がその人の立場にいたらどうするだろう」と能動的に想像し理解しようとする能力のことを指す。ブレイディみかこは、息子の言葉を引用して、エンパシーとは「他者の靴を履くこと」だと表現した。これは相手の立場になって考えるという意味の英語の慣用句だ。パートナー間でエンパシーをもつということは、どうやっても同じにはならないお互いの差異を理由に交流を諦めるのではなく、相手の立場だったら自分はどうするだろうと考えることだといえる。

エンパシーは、どうしたらもてるのだろう。これについてはさまざまな見解が見つかったのだが、ブレイディみかこがあげた条件は特に重要なものだと思った。彼女は、大正期のアナーキストだった金子文子が、獄中で自身に拷問を加えたであろう女看守の暮らしの貧しさを案じた詩を詠んでいたことを取り上げて、次のように述べた。

「金子文子は、世間一般の『belonging（所属）』の感覚から完全に外れたところで成長した人だったからこそ、瞬発的に『敵vs友』の構図からするっと自由に外れることができたのは間違いない。ということは、『belonging』の感覚に強くはまっていればいるだけ、他者の靴は履けないということになる。属性が自分を守ってくれるものだと信じ、その感覚にしがみつけばしがみつくだけ、人は自分の靴に拘泥し、自分の世界を狭めていく。（中略）自分の靴が脱げなければ他者の靴を履けないということだ。[15]」

だとすれば、私が女性であるパートナーの靴を履くために必要なことは、自分が男性という属性によって守られてきたものを相対化することである。男性というだけで、回避し、表面的な理解だけで蓋をすることができたものたちだ。男性という属性のなかにいるからこその苦労もまた、自覚されるべきだろう。その作業を避けているうちは、そもそも自分の靴がどんなものかはわからないし、それを脱ぐことすらできない。

（15）ブレイディみかこ『他者の靴を履く　アナーキック・エンパシーのすすめ』文藝春秋、二〇二一年

履いている靴に、一人ひとり違いがあるのは当然である。だからこそ、もともと私が思い描いていたような同じ条件をもった平等にはたどり着かないし、それでよい。問題は、違うということを理由に不公平に扱われたり、分断されたり、尊厳が傷つけられたりすることだ。そうならないためにこそ、自分の靴と相手の靴は、どんなところが似ていて、どんな違いがあるのか、互いに確認していく作業が必要である。対等なパートナーシップは、こうした作業の先にようやくその可能性が見えてくるものなのかもしれない。

近い人の靴ほど履きづらい

しかし、言うは易く行うは難しで、そんな綺麗ごとばかりではすまないのも、また家族である。

ここまで書いてきたことをパートナーと話した時、大筋としては合意したのだが、「近い存在である家族の靴ほど、履くのが難しいのではないか」という話になった。家族は、見たくないところも含めて相手のことが見えすぎている。本人さえ知らない相手の癖まで知っているものだから、相手のことを本人よりもわかっている気にもなるし、こんなこと言わなくてもわかるだろうという気さえ起きてくる。家事育児にしても、相手の労働量が自分のそれに直結するものだから、相手の立場を慮るより先に「またこの家事やってない」という感情が湧いてくるし、そうなれば「私にやれってことね」「おまえがやれよ」と感情的なやりとりに陥るのも簡単だ。せめてそんな攻撃的なやりとりは避けようと、「これやっておくね」という優しくも冷めた言葉でエンパシーに必要な想像や対話を放棄し、短絡的な解決策を選ぶことが精一杯な日が少なくない。ジレンマばかりだ。

家族に対してエンパシーをもつには、どうすればよいのだろう。それぞれが一人の時間をもち、時に適度な距離をもつようにすればよいか。しかし育児に二人がかりで奮闘する今だからこそ、距離をとることはなかなか難しい。相手が自分にとって近い存在であるほど、自分自身のアイデンティティにも深く入り込んでいるので、他者性を意識することも困難だ。家族以外の人間を巻き込み交流をはかれば、多少なり客観性をもったやりとりができるだろうか。近しい存在である家族との関係は本当に難しく、ここまでできたからこの関係はもう大丈夫ということもない。「パートナーシップにおいて、絶望は避けて通れない。問題は絶望した先で対話ができるかどうかだ」と言ったパートナーの言葉は的を射ていると思う。その対話こそが、自分の靴と相手の靴の違いに気づく第一歩なのだろう。

対等なパートナーシップなど存在しないし、目指すだけ無駄だと言われれば、それまでかもしれない。しかし、人がだれかと共に生きていこうとするならば、その関係性について話し合う時間は、避けては通れない大切な過程であることは間違いない。何より、そうした話し合いを何度も積み重ねていけることが、だれかと生きていく一番の醍醐味なのだと思う。

これからも模索と試行は続いていく。

3 うっかり子どもがやってきた

名村優子

出産と自己選択の放棄

私が三九歳の時に、子どもがやってきた。子どもを出産したのは私自身だが、「やってきた」と思っている理由は、子どもがほしいという意識がほとんどなかったところに、子どもが生まれたからだ。

それまで子どもを持ちたいと思ったことはあまりなかった。「就職氷河期」と呼ばれる時期に大学を出てから、会社員をやめ、日本語教師になり、海外に行き、帰国して大学院に入った。ずっと、自分が呼吸できる場所や、社会と折り合いをつける方法を探すことに意識が向いていたから、自分以外の人間の人生を考える余地はあまりなかった。

そんなところに、子どもはうっかりやってきた。パートナーとは付いたり離れたりしながら一〇年以上の付き合いだったが、特に妊娠することもなかったので、「生理的にこの二人には子どもはできないかもしれない。私は子どもがいないほうの人生かな」と思っていたところだった。妊娠がわかった時は、「この年齢でできた子どもを、わざわざ拒むこともないだろう」と思った。

今考えると、子どもができても関係が破綻しないであろうパートナー、続ければどうにか生きていけるだろうという仕事、そして子どもがいてもよいと思える自分の気持ちがあったから、あまり悩まずに受け入れられたのだろう。もし妊娠したのが二〇代で、今の仕事の資格を取る前のことだったら、あるいはずっと待ち望んでいた海外渡航を目前にした時だったら。悩んだ末に、厳しい決断をしたかもしれないし、子どもを持ったとしても今とは違う感情を持ったかもしれない。子どもができたことを受け入れられるか、またどう受け止めるかは、ものすごく環境や状況に左右されると思う。

自分の気持ちに関して、一つ印象に残っている出来事がある。『ファルージャ』(16)という映画を観た時のことだ。この映画は、二〇〇四年に起きたイラク日本人人質事件(17)で人質となりバッシングを受けた人の、その後の生き方を追ったドキュメンタリーだった。人質三人のうちの一人、高遠菜穂子さんは事件後しばらくしてからイラクへ戻り、イラクの人たちと日本の医療者とを繋ぐコーディネーターをしていた。映画のなかで、米軍の放った劣化ウラン弾の影響を受けて生まれてきた新生児を、高遠さんが胸に抱く場面があった。私は、その新生児の映像に自分がショックを受けるかもしれない、と映画館で身構えていた。正直に言うと、先天的な障がいを持って生まれてきた子どもを見て、自分が恐怖心や嫌悪感を抱くのではないかと予感していたのだ。けれど、目のくぼみが一つだけで、手足の指が五本ずつではない、臓器にも深刻な不全を持っているという子どもを抱いて、高遠さんが「あったかい」と言うのを聞いた時、その子を「あ、かわいい」と思う気持ちが浮かんできた。生まれたばかりの子どもの温かさを想像して、なぜか私も子どもを持てるかもしれない、と思った。

子どもはうっかりやってきた、と書いたが、より正確には「子どもを持つかどうか」という選択を、意識的に放棄した、と言うべきかもしれない。「子どもを持つ」という自分

(16) 二〇一三年制作、伊藤めぐみ監督、ホームルーム配給、日本。

(17) 米軍や日本の自衛隊を含む有志連合軍によるイラク侵攻後、二〇〇四年四月にイラクで起きた日本人三名の誘拐事件。一週間後に解放された三人に対して、「自己責任」という言葉とともに激しい批判が浴びせられた。

にも他の人にも多大な影響力を持つ出来事を、自分一人の意思で決めていいのかどうかわからなかった。そもそも自分の意思だけでどうなることでもない。「持とう」と思っても持てないかもしれないし、「持たない」と決めてもやってくるかもしれない。もちろん他者から強制的に「持つ／持たない」を決められたくないし、強く「持ちたい／持ちたくない」と思って行動することもできる。その願望を支える医療技術も進歩し続けている。それでも、妊娠出産は現象として人間の動物性、言葉を換えれば生命に依拠するものだから、個人的意思も願望も努力も、究極的には届かない場合がある。だから、子どもの誕生は、自分の意思や責任とはある程度切り離されたことで、どこかから降ってきたようなものとしてとらえている。

一方「子どもを育てる」ということについては、妊娠出産よりも人の意思が入る余地があるはずだ。一度くらい「自分は子どもを産んだが、この子を自分が育てるのだろうか」と考えることがあってもよさそうだが、私自身は産んだ子どもは育てるものだ、と思考停止して、そのような機を逃してしまった。

竹下しづの女の「短夜や乳ぜり泣く児を須可捨焉乎(18)」という句にも、二〇二二年に日本語訳が出版され話題となった『母になって後悔してる(19)』という本にも、産んだ子を育てることが、当の母親にとって必ずしも自明の理ではない、ということが示唆されている。しかし子どもを産んだ当人も、この社会も、「なぜ子を産んだ女が、子を育てなければならないのか？」と問うこと自体を恐れているように感じる。答えを持ち合わせていないからではないか。

(18) コラム「子を捨て得るのか——竹下しづの女の叫び」一六五ページ参照。
(19) オルナ・ドーナト『母親になって後悔してる』鹿田昌美訳、新潮社、二〇二二年実際には、強い社会的規範と自己倫理規制、そして具体的代替案の欠如によって、出産した女性が「育てない」という選択や、自分が産んだ子ども以外の子どもを育てるという選択は、かなり限定された状況でしか許されない。でも、実際に産みの親と育ての親が異なる事例が多くあるのだから、産むことと育てることには乖離がある。産んだ者の「私は育てる／育てない」という意思・選択によって、生まれた子どもの人生が左右されるべきではないという考え方は、子どもの立場から考えれば当然である。しかし、「私は子を育てる選択をしただろうか？」と考える時、子を産むことと同様に、子育てにも近代の自己選択・自己責任の理論とは別の道理が働いているように思う。そして実際には産むこと以上に育てることのほうが、時間的、労力的、関係的に重みを感じることが多いのだ。

子どもを持つかどうかに加えて、もう一つ選ばなかったことがある。高齢出産なので、出生前診断を受けるかどうか医師に尋ねられた。一週間ネットで調べたりして少し悩んだが、割合あっさりと受けないことにした。出生前診断の結果を見て、ほっとするのも悩むのも嫌だったからだ。もし診断によって、胎児に何らかの障がいがある可能性を示す結果が出たら、このまま妊娠を継続すべきか、中絶すべきか、そもそも本当に障がいを持って生まれてくるのか、もしここで中絶を選択したら、もう子どもはやってこないのではないか、と相当苦しんだに違いない。そして、もし障がいの可能性はないという結果が出たら、私はほっとするかもしれない。そして、ほっとしたことによって、自分が命を選別したことに気づくだろう。そのどちらの経験もごめんだと思ったので、出生前診断を受けなかった。

つまり、子どもができる時と、障がいの有無を調べる時、私は自己選択を放棄した。深刻な問題に直面するのを先送りしたとも言えるが、「それは私が選んでいいことなのか」

という疑問も根底にあった。遠からず五〇歳になろうという現在は、もう妊娠することはないだろうと思っている。でも、もしまた妊娠したら、自分の年齢と今いる子どもとの生活を考えて、三九歳の時とは違う悩み方をするように思う。

社会と関わらざるをえない

子どもが生まれる前は、「社会」と関わるのが苦手だった。この社会は「どうやって食っていくか」を中心に動いており、生きていくためには役に立つ労働者でなければならない、と感じていた。自分が利益追求に役立つ人間だとまったく思えなかったが、最低限の自立をして、なるべく社会の主流から文句を言われないように距離をとりたかった。社会問題や政治について考え議論することは嫌いではなかった。でも私の意見は少数派のものであり、社会では聞き流されるだろうと思っていた。

しかし妊娠がわかって手渡された母子手帳の先には、「子どもがいる人用の社会」が広がっていた。子どもがいる、というだけで、私のほうから求めなくても「社会」がわざわざ私に声をかけて、配慮してくれることさえあった。理由は、私が「母」だからなのだ。

まず、一人で生活していた時にはほとんど接点のなかった福祉行政に助けられることが格段に増えた。母子手帳、妊婦検診から始まって、両親教室、出産一時金、新生児訪問、健康診断、母親交流会、そして保育園。保育園がなかったら、私の人生はたいへん困難になっていただろう。五か月の息子を入れた認証保育園は、先生が全園児の名前を覚えているような小規模園で、保護者同士のコミュニケーションや卒園生にまで気を配ってくれた。保育園の先生が息子にしてくれたこと、かけてくれた労力を考えると、保育園には足を向けて寝られない。子どもがいると、「自助」では立ちゆかなくなる場面があるが、保育園を通じて社会から多大な援助を受けたと感じている。

また、日常生活でも子どもに話しかけたり、遊んでくれたり、親切にしてくれる人に出会った。年配の女性が多い印象だが、男性や若い女性にも電車で席を譲ってもらった。二三区内の電車のなかで手作りのおにぎりをもらったことさえある。子どもを持つと、否応なく社会との接点が多くなるのだ。

しかしこれらの支援や親切は、私が「母親」として振る舞うかぎりにおいてのこと、と感じている。母親として社会から支えられている一方、母親として社会に見られて、子どもを社会に適合させる役割を果たすように求められる。電車や飲食店は子ども連れで利用できるか考え、子どもが騒がないか気を遣う。でも子どもを静かにさせたいと思う理由は、子どものためや周囲のためというより、自分が非難されたくないからなのだ、と気づく。

そして、支援や親切の一方で、妊婦や子ども連れに対する無理解にとどまらず、悪意を感じることがある。インターネット等では、電車でのベビーカー使用や優先席の使用がよく議論になっているのを見る。満員電車という非人間的な空間が問題の根源だと思うが、満員電車でなくても必要があってベビーカーを使ったり優先席に座ったりする人を邪魔者扱いし、非難する声は決して少なくない。それどころか、直接危害を加えられる場合もある。駅で後ろから追い抜いてきた人に子どもを殴られた、と駅員に訴えている女の人を見たことがある。私自身も、子どもと一緒に電車に乗っている時、見知らぬ人に「うっせえ」と罵倒され続けたことがある。その時は、相手に対して恐怖や不気味さとともに強い怒りを覚えた。

つまり、子どもを持ってから、この社会が女親に対して見せる顔が見えるようになった。そして、この光景を一生見ることのない、あるいは関係ないと思う人がいることも想像できた。子どもができてからの自分自身の変化とは別に、社会のなかで自分の立ち位置が変わったのだ、と実感する。

独身の時は、自分は自分に責任を持てばよかったし、自分のことは自分で完結させるから、社会は干渉しないでくれ、という気持ちが強かった。しかし子どもがいると、社会と関わらなければならないことが格段に増える。子どもは自己責任の範囲だけでは育てられないし、個人や家庭の力だけで育てるのが、子どもにとってよいこととも思えない。不愉快でも苦手でも社会とつきあって生きていかなければならない。

であればこそ、この社会は子どもが育つのにふさわしいのか、この社会はここで育つ子どもからどう見えているのだろうか、という気持ちがふくらむ。一〇代の頃に感じた社会への不信感は続いており、社会がよくなっているという感覚もない。

そのように感じるのは私だけではないのだろう。近年、出生数の減少が大きな問題として取り上げられるようになり、子どもを持たない／持てない個人の事情が共感をもって語られるようになった。私自身も子どもの存在に得がたい愛着を感じながらも、子どもを持たないという選択をむしろ賢明だと思ってしまう。想定以上の速度で少子化が進行している現状を見て、「この社会のさまざまな問題から目を逸らして無為無策を続けた当然の帰結だ、ざまあみろ」とさえ思う。矛盾した感想だと自覚している。

以前、朝日新聞の「折々のことば」で「経済人が理性と自由を謳歌できるのは、誰かがその反対を引き受けてくれるおかげだ」[20]（カトリーン・マルサル）という言葉が紹介されてい

(20) 鷲田清一「折々のことば」、『朝日新聞』二〇二二年六月一四日。原出典は、カトリーン・マルサル『アダム・スミスの夕食を作ったのは誰か？』高橋璃子訳、河出書房新社、二〇二一年

た。とても共感できる言葉だった。ここでは「自己利益を動機にひたすら合理的に行為する『経済人』」が引き合いに出されているが、私はこれを「近代人」と読み替えてもよいのでは、と思っている。なぜなら近代は、社会を形成する個人として、そのような人物を理想としてきたからだ。

では、誰かが引き受けている「その反対」とは何だろうか。この記事は「日常生活をケアする人や職業がなければ、経済人としての彼らの活動もない。経済の根柢にはつねに人の身体的生存がある」と続けている。つまり、人の身体的生存を支える日常生活のケアは、不自由で非理性的で、でも誰かが引き受けなければならない活動である、と言っている。

誰でも一〇〇％近代人でいられるわけではなく、多かれ少なかれ、その反対の時間をも生きている。しかし理性と自由を謳歌する時間、近代人として生きられる時間には多く光が当たり、価値あるものを生み出す時間として評価されてきた。

私が「理性と自由を謳歌」せず「その反対を引き受けている時間」とは、いったい何なのだろう。私も理性と自由を謳歌したい、そして価値あるものを生み出したいと願う。しかし、その反対の時間が、重要でないとも劣っているともまったく思わない。

現在は一日のなかで、家事育児と、仕事と、研究の時間が目まぐるしく切り替わる生活をしている。どの活動も自分で満足する出来になることは少なく、中途半端さにうんざりすることが多い。しかし「理性と自由の時間」と「身体的生存を支える不自由な時間」のどちらも手放すことができない。もし、今の子どもといる生活をやめて、子どもを何の問題もなく他の人に任せられるとしたら、私はそれを選ぶだろうか。

両方の時間を行き来しているようなこの状況の是非や、その影響について、簡単に結論づけることはできない。ただ、近代の理念とは異なる文化、異なる世界が、近代の背中に貼りついていて、近代はいまだにそれを正面から認識できていないのではないかと思う。

今はケアを重要視したい

私が現在一緒に暮らす「家族」は、事実婚の男女とその子どもで、いわゆる核家族の形をとっている。核家族は性的関係にある男女カップルが核の中心にあり、そこに生まれた子どもが加わる基本構成になっている。

子どもがいて仕事をするサバイバルな日々を送ると、生活のタスクをこなしていく協力関係が重要になり、カップルの閉じた親密さはだんだん影が薄くなっていく。そもそも恋愛は本来的に非日常で、恋愛関係にある人が共同生活に向いているとはかぎらない。結局、現状の家族形態で、生計を維持しながら子育てとカップルの親密さを両立させるのは、かなり困難ではないだろうか。

核家族という名のとおりの最小単位の家族が、その最低限の資源で、収入を得て、毎日の生活を成り立たせ、幼老病をケアし、教育を受けさせ、感情的な結びつきを持ち続け、社会や親族友人知人との関係を維持し、そして個人の自己実現を図るというのは、かなりの「無理ゲー」だ。ましてや、それを核家族に満たないメンバーで運営する困難は想像に難くない。シングルマザーやシングルファーザー、ヤングケアラーなどは社会的な支援があって当然だ。

家族は、この無理ゲーに毎日参加している。参加しているだけで必死、家族であるだけで偉業なのだから、せめて制度や規範はその現実を邪魔しない形で存在してほしい。たとえば、私は選択的夫婦別姓が制度化されても法律婚を選ぶかどうかわからないが、実現されても不利益を被る人も財政的な負担もほとんどないのだから、さっさと制度化させるべきだ。法律婚を選ばなかったのは、そのような制度的・規範的負荷から少しでも逃れるためでもあったと、今では思う。

家族を無理ゲーと感じる理由が何に由来するものか、複雑でよくわからない。しかし、生産、親密さ、子の育成、ケアといった異なる機能が期待され、近代社会が担わない非効率的・非合理的なものや、むしろ合理性・効率性を損ねるけれど人が生きるためには必要なものが、家族という私的な空間に放り込まれて、外からはあまり見えないようになっている、ということは感じる。

家計の維持と、性的関係を含む親密さと、子どもなどをケアすることが同じ人間関係のなかに埋め込まれてしまっているから、現在問題なく機能しているように見える家族でも、どこかがうまくいかなくなった時に、他の要素も影響を受けてしまう。たとえばカップル内外の性的関係が、個人の倫理観や信頼関係を超えて問題になったり非難されたりするのは、性的関係が経済関係や子の養育環境に結びついてしまうからだろう。

家族として人と人が暮らす原理を、性的関係を含むカップルの親密さと、子どもの世話に代表されるようなケアの必要性の二つに分けるとして、カップルの親密さという極私的な関係に公的なお墨付きを与えて家族の基盤とするよりも、生きていくために必要な日常のケアや、立場の弱い人に対するケアの結びつきを家族の基盤に置き、ここに公的な認定と支援を与えたほうがよいのではないかと思う。そのほうが、カップルの親密さも本来の自由さを取り戻せるかもしれない。

ケアの重要性を強調し「立派な仕事だ」と褒めあげながら、その重要性に見合った対価を支払わず、そして褒めた当人は決してその仕事を担わない、という風景が繰り返されてきた。じゃあ、男性も女性も無償のケアは最低限にとどめ、賃労働して必要なケアを購入すればよいのだろうか。居心地よく暮らすための無数の労働、子どもや老いた人や介助が必要な人の世話、人が疲労したり病気になった時に回復するまでのさまざまな手当ては、誰が担えばよいのだろうか。これら命に関わるコスト、人が生き物として生きるのに必要なコストを、この社会を動かす資本主義の仕組みは負担しようとせず、成果だけを手に入れようとしていないだろうか。地球環境から得られる資源を「自然に存在するもの」として対価なく収奪し、それを使って利益を生み出す態度と、人が労働に向かうまでの長い時間や手当てを勘案せず、労働にだけ賃金を払い利益を生み出す態度は、似ているように感じる。

4 「個」と「母」との二重の世界を生きて

小松　蓉

自分自身を生きたい

私が人生に願ったことは「自分自身を生きる」という一点だった。しかし、たった一つのその願いを貫くことには、さまざまな困難が伴った。その困難は、女性としてこの世界に生まれたことと深い関係があったと思っている。

社会の支配的な価値観になるべく自分を合わせ、システムに順応して生きていくほうが周囲との摩擦は少ないから、自分自身を生きたいなどと思えば、自分も苦しむが他者を苦しめたり傷つけたりすることにもつながる。事実、私は多くの人を巻き込んでしまった。「人に迷惑をかけてはいけない」という社会規範が強い社会で、まして女性がそのようなことを望むのは、ジコチュウでわがままな生き方だというふうに受け止められただろう。

それでも、私はできるかぎり、自分の内側から生まれてくる（少なくとも当時はそう思っていた）思い、欲望、希望、願い、たとえ未熟であっても自分で形成した考えを大切にして生きたいと願っていた。こういう願いを持った女性は、私一人ではなかったと思う。「自由は、自分以外の何者にもなりたくないという思いに宿る」[21]「本当に怖いのは孤独じゃなくて、自分ではない人間として死ぬこと」[22]。これらの女性の言葉は、半世紀以上経った今、はたしてどのくらい聞き届けられただろうか。

(21) 田中美津『明日は生きてないかもしれない…という自由』インパクト出版会、二〇一九年

(22) 長島有里枝『魂のまなざし』（映画）パンフレット、二〇二二年

当時は女性が「個」として生きることは難しい時代だったが、現在は社会全体の人権意識が高まり、女性へのさまざまな差別も改善されてきた。しかし私が直面した困難は、はたして解決されたのだろうか。私が体験したことは、本当に昔話になったのだろうか。社会は根本的なところでは微動だにしていないのではないか。

避婚姻という生き方

物心ついてから、私は自由な個人として、自分の意思で人生を選択して生きたいと願ってきた。

私は元来、女性性というものと折り合いが悪いタイプだった。初潮を迎えたとき、エンゲルスをもじれば、それは「世界史的敗北[23]」だった。地底に引きずり込まれ、生と死の間に突き落とされたような暗い想念に襲われた。もう周りの男子と一緒に軽々と木登りをしたり、宙を飛んだりすることはできない。自分の意思ではコントロールできない宿命的なものとして、私は自分の身体を呪った。

結婚制度が女性にとって抑圧的なものであることは、周囲の女性たちを見てうすうす勘づいていた。当時まだ残存していた封建的な家制度への反発はもとより、それにとって代わられた「愛と性と生殖」の三位一体である近代的な結婚制度にもなお、家父長制とも呼ぶべきものが温存されていた。それは女性を生殖のための女（妻）と性的な快楽のための女（愛人・娼婦）に分断したし、結婚制度を補完するものとしてかつてあった公娼制度は、今でもフーゾクという形で生き残り、女性の性の売買が行われている。

そもそも恋愛も性愛も個人の自由意思で行われるものなのに、なぜ今日からこの人と排

(23) エンゲルス『家族・私有財産・国家の起源』岩波文庫、一九六五年

他的・独占的にセックスをすると決めなければならないのか。それを公的に表明しなければならないのか。なぜ異性愛だけが特権化されるのか。当時付き合っていたボーイフレンドは、初めて性的な関係を持つ前に、将来は結婚するつもりだと律儀に約束してくれた。私は内心「結婚などまっぴらごめんだ」と思っていたので当惑した。

こうした結婚制度への疑問から、私は結婚することに抵抗を覚え、忌避し続けて生きてきた。現在は「非婚（ヒコン）」という言葉が存在するが、それをもじれば「避婚（ヒコン）」と表現するのが近いと思う。

経済的に自立すれば自律的な個として生きることを最低限担保できるのではないかと思っていたが、当時四年制大学卒業の女性への就職の門戸は狭く、そもそも自分が何をやりたいのかも定まらないまま、どの職場でも、ここは私の居場所ではないと感じて職を転々とする羽目になった。就職することが、掛け替えのないはずの自分を代替可能な一個の労働力商品に貶め、自分を社会に隷属させることになるという事実を、なかなか呑めなかった。やりがいのある仕事に就くことができるのは、必死に努力した「実力もコネも」あるごく少数のエリート女性であるという現実にも、だんだん気づいていった。

公的領域に女性が参入することを阻む社会構造のなかで、私的領域（結婚）に追い込まれていく多くの女性の気持ちを私もまた味わっていた。自尊感情は日に日に低下し、心身ともに不調に見舞われながら右往左往しているうちに、当時付き合っていた男性との間で、不意に妊娠してしまった。

妊娠・出産という経験は、私と世界との関係をまったく異なる位相に大転換することになった。

ヒトがヒトを産むということ①——「個」が侵食されていく

それまで一度も積極的に子どもが欲しいと思ったことがなかった。子どもの頃から、母親との関係がよくなかったことがトラウマになっていたのかもしれない。母性への恐怖と嫌悪があった。だから妊娠という経験はあまり喜ばしいことではなかった。ただ、淡々と事実を受け入れようと思った。胎児は私にとって、自分の身体に異物があるという違和感を引き起こしたが、生命が宿っているという実感は希薄だった。妊娠八か月になって大きなお腹をしていたにもかかわらず、うっかり縄跳びをしてしまったくらいだった。長い間「個」でありたいと強く願って生きてきたことが、将来、自分とはまったく違う自我や人格を持っていくであろう人間が自分のお腹のなかにいるという事実を、なるべく見ないようにさせていたのだと思う。それまで性愛を観念としてとらえていて、それが生殖と結びつく可能性があることを、本気では考えていなかったことにも改めて気づいた。そこまで私の「個」という意識は、私の身体を疎外していた。

森崎和江[24]は妊娠中に、不意に「私」という言葉が使えなくなったと語っている。それまで内容を持っていた私の存在の自称が不意に「滑り落ち」、自分が「からだだけ」になった、という[25]。そして「〈私〉ということばの概念や思考用語に込められている人間の生態が、妊婦の私とひどくかけはなれているのを実感して、初めて私は女たちの孤独を知ったのでした[26]」と語っている。

出産を経験してはじめて、人が人を産むという営みが、人間の営みとして今まで対象化されずにきたこと、何も語られてこなかったことに気づかされた。それは、出産自体が

(24) 森崎和江、詩人・作家。
(25) 森崎和江『いのち、響きあう』藤原書店、一九九八年
(26) 同右

「自然な」行為であり、それを担う女性自身も「自然」の一部であるとさえ考えられてきたことと関係していると思う。女性自身もそう思わされてきたのだろう。

男性にとっては、男性であることと「個」であることは矛盾しないだろう。しかし、女性は「個」であることと女性であることは、さまざまな齟齬《そご》を引き起こす。私にとって妊娠や出産は、自分が「身体」という他者に内側から侵食されるような経験だった。そして女性たちは、この試練を黙って受け入れてきたのだと知った。出産直後、私は病室のベッドに持ち込んでいた本のカバーの裏に、出産の一部始終を夢中で書き留めた。この経験をどうしても言葉にしたい、他の女性に伝えたいと痛切に思った。「どうして誰も、何も教えてくれなかったの?」と、それまで生きてきた女性たち全員に、怒りを込めて心のなかで問いかけていた。長い間、家族という私的領域に閉じ込められ、それしか生き延びる方法がないと思った時、弱い立場に置かれた人は息を潜め、声をあげることすらできない。女性たちは、ただ生き残ることに専念しなければならなかったということが、今になってようやく理解できる。

ヒトがヒトを産むということ②——子どもの出現

人が生まれるということは、どういうことなのだろうか。人間は命として発生して生まれてくるまでと、生まれてからしばらくの間までの記憶はないので、その経験は内側からとらえることはできない。人が死ぬということも同様で、誰も経験としては語れない。つまり生まれる前と生まれてからしばらくまでの間の時間と、死んでからのことは永遠のブラックボックスである。そこは人間の意識が届かない領域だから、観念としては「子どもは向こうからやってくる」としか言いようがない。そして「死は私を向こうに連れて行く」のだろう。

しかし、その間のことを産む側の経験として語ることはできるはずだ。私にとっては、出産はまるで拷問のような、経験したことのない苦しみだった。そして出産後は、巨大な便秘が解消した後のような爽快感と不思議な高揚感に包まれた。こういう表現は生まれてきた人間に対して失礼だとは思う。妊娠から出産まで、自分という「個」が命を宿しているという意識を持とうとせず、徹底的に身体を無視し、自分は「個」として完結しているんだと、自分に言い張ろうとしていたので、こんな即物的な言葉しか生まれないのだろうか。

産後、自分が身体から受け取ったメッセージは、人間は食欲と性欲という二つの「生きる意欲（欲望）」から自由になれないのだろう、ということだった。それらは人間に快楽も与えるが、同時に天罰のように、死と隣り合わせの苦しみも与える。産後ベッドに横たわる私の身体は透明になり、ただ太い二本の管だけに貫かれていた。一本の管を通して、上（口）から食べ物を摂取し、下（肛門）から排泄する。もう一本の管は身体の内側にめくれあがり、そこ（子宮）で命を孕み、反転して、そこから命（胎児）を押し出す。それらの二本の管だけが妙にリアルに感じられた。

そして、子どもは突然、私の前に出現した。気づいたら、私は腕のなかに子どもを抱いていた。それは見も知らない他者だった。その圧倒的な存在感に打ちのめされた。自分がヒトという生き物（命）を生み出しただけでなく、一つの「存在」を生み出してしまったことに驚愕したのだ。それは覆すことができない事実として、厳然としてあった。人間が生まれてそこに「いる」ということ自体が、「いる」ということに対して、こちらに何か倫理感のようなものを呼び覚ますのを感じた。赤ちゃんはあまりにも脆弱なものだった。責任とも決意とも違うけれど、自分で育てるんだという思いが内側に生まれた。

生まれてすぐ、子どもの血液型を調べるために看護師さんが赤ちゃんの足に針を刺した瞬間、自分の体に鋭い痛みが走った。この時、母子未分離の状態というのを初めて経験した。自分の「個」という輪郭が曖昧になっていることに気づいた。授乳することが至上の快楽だと感じる女性がたくさんいると聞くが、私は授乳すると頭がぼうっとしてしまい、頭のなかで考えていたことのすべての記憶が、一瞬で奪われてしまうのがとても不安だった。自分の内的世界が消滅するような感覚に襲われた。

個としての輪郭が失われていくことへの不安を感じる自分と、圧倒的に弱く助けを必要とする存在を前に「なんとかしなければ」という気持ちにさせられる自分との間で、私は激しく揺らいでいた。

個としての自分は、自分が人生に費やすことができるエネルギーのほとんどを、これから生まれてきた命を育てることに捧げなければならないのだと直感し、取り返しのつかないことをしてしまったという後悔の念を抱いた。幼い時に聞いたカマキリの話を思い出した。カマキリは交尾すると、オスの多くはメスに食べられて死んでしまうと聞かされて、怖かった。そして「生きる」ということはなんと残酷なことなんだろうと、改めて思い知らされた。個としての自分は、生まれてきた子どもに食い尽くされてしまうのだろう。きっと、子どもが生まれることは、自分が死ぬことと引き換えなのだろう。

それまでは、人間は個として生まれてから死ぬまでの直線的な時間を生きるものだと思っていた。その過程で何かを達成することが生きた証であると思っていた。しかし、子どもを産んでわかったことは、自分の生きている時間は個としての人生の時間であると同時に、人の生命の再生産の循環サイクルの一部でもあり、人間は個としての時間と類としての時間の二つを同時に生きているということだった。子どもが成長することは、自分が着々と死に向かって生きていくことと同義だった。

避婚家族の養育①――母性という制度

出産を機に、子どもが法律的に不利益を被らないようにと、しぶしぶ籍を入れたが、ほどなく同居生活を解消して離婚した。自分が戸籍筆頭者となり、娘と二人きりの戸籍をつくった時は、不思議と晴れ晴れとした気持ちだった。

子どもの養育とはなんだろう。ハンナ・アーレント[27]は次のように述べている。

「植物の生命に限らず、生命あるものは全て、暗がりから出現する。そして、どれほど自らを光のなかへと押しやる自然的傾向が強かろうと、成長するためには何としても暗がりの安全を必要とする。[28]」

アーレントは、人間が隠しておきたい領域であると同時に、人間の生命を維持・再生産する場所を「私的領域」と呼んだ。そして、その「暗がりの安全」を子どもに保障する場所は、古代ギリシャでは、女性と奴隷が労働（labor＝出産という語源を持つ）という苦役を担う場所だった。今日もなお、家事・育児・介護と呼ばれるケア労働は主に女性が担っている。ケア労働は、人間が相手に自分を差し出し、相手を全人的に受け入れ、相手の

(27) ハンナ・アーレント、哲学者。

(28) ハンナ・アーレント『過去と未来の間』みすず書房、一九九四年

喜びや苦しみの感情に寄り添い、共感しながら献身することを求める。出産すると同時に「母」という責任を担うなかで、私はそれまで経験したことがないほどの強い感情的な振幅を味わった。他者に全面的に依存する存在として生まれ、全身で自分の要求を表現し、押し通そうとしてくる子どもは、実に暴力的な存在である。それに対して、自分のニーズは押し殺して、常に相手を気遣い、よく観察し、相手のニーズを先取りし、適切に応答する責任を負う。休みなく続くその労働は過酷で、時に怒りがこみあげ、ケアする側も深く傷つけられる経験だった。その日を乗り切るのが精一杯の日々が続く。傷つけられた自分をケアしてくれるものは何もない。私は自分の尊厳を傷つけられ、個が奪われていく感覚に襲われ続けた。

一方、子どもの安らかな寝顔は、すべての疲れを魔法のように一瞬にして忘れさせ、このうえなく心を癒してくれる。まさに、「苦い恨みと鋭い苛立ち、至福の満足と優しさを殺人的に行き来する」(29)日々だった。ケアという営みは労働集約的であり、ケアを提供する者は、それ以外の活動に時間や労力を割く余裕がなくなりがちだ(30)。他者との協働がなければ、とてもできなかった。仕事を見つけ、経済的に親子の生活を支えながらの育児・家事は、実家の母と保育園の保育士さんたちの支援なしには、とうてい成り立たなかった。経済的な安定をもち、ケアを部分的に引き受けてくれる環境があったからこそ、私も子どもも生き延びられた。そのどれかが欠けていたら、私はうつ病になったり、子どもを虐待して殺してしまっていたかもしれないと、心底思う。

頼るものと頼られるものという非対称の関係は、親子間に権力関係を孕む。それは、相手を他者として対等なものとして尊重するという原理とは矛盾する。子どもが思春期にな

(29) アドリエンヌ・リッチ『女から生まれる』晶文社、一九九〇年

(30) 岡野千代『ケアの倫理』岩波新書、二〇二四年

ったら、そのことに特に自覚的にならなければならないだろう。しかし同時に、子どもの養育は、子どもを社会に順応させるという側面があり、親、特に母親に対する社会からの干渉や圧力は凄まじかった。家族は国家の最小単位として、まさにパラレルの関係だから、私は時に統治者のように子どもを「訓育」し支配する側面を担わざるをえなかった。家族（結婚制度）を忌避していた自分が、皮肉なことに家族を再生産してしまったのだ。避婚家族は、夫婦関係や夫の家からの家父長制的な抑圧からは自由だった。反面、親子関係、特に母子関係という心身を通した愛着を帯びた関係においては、相互依存に陥りやすく、支配－服従という濃密な権力関係を帯びていた。特に子どもが幼い頃の「しつけ」と称される身体的社会化は、どこまでが養育で、どこからが暴力かが自分でもわからなくなることがあった。私と子どもの関係は常に緊張関係を孕んでいた。時に子どもを追いつめ、精神的に虐待したり、思わず手をあげてしまったりしたこともあった。それらの記憶は心に深く突き刺さり、苦い反省とともに今も思い出す。そんな時、私たち親子を救ってくれたのが友人たちだった。

避婚家族の養育②——友愛的ネットワーク

避婚家族のよかった点は、非婚者も含めて、結婚制度の外で生きる男女、多様な性的指向を持った友人たちが自然と周りに集まり、その緩やかなパートナーシップ（友愛関係）に支えられたことだろう。家族という閉じられた関係のなかで、押し潰されそうになった娘を、友人たちが間に入って関係を広げてくれた。「自分の息子の次に、あなたの娘を愛しいと思う」と言ってくれたシングルマザーの友人。娘も、その友人を私よりも自分を理解してくれる存在として信頼している。また、娘が人生を共にするパートナーを決める大事な決断をする時、彼女が男性として信頼し意見を求めたのは、私のゲイの親友だった。

子どもにとって必要なのは、必ずしも血縁の大人ではなく、自分に愛情を感じてくれる大人である。そして関わってくれる大人は多ければ多いほどいい、という事実は、避婚家族だからこそ得られた真実だったかもしれない。それらの友人たちは、共同体的な呪縛から自分自身も距離をとらなければ生きづらいと感じ、「個」として自律した生き方をしていた。学校にも親子関係にも閉塞感を感じ、窒息しそうになっていた娘に対して、友人たちは年上の友人として対等に接し、こんな生き方もあるよ、こんな大人もいるよ、とさりげなく教えてくれた。そのことには、いくら感謝してもしきれない。

子どもが思春期を終えるまでは、私は自分の性愛をなるべく禁欲することにしていた。「子どもを傷つけたくない」「子どもとの関係を維持したい」という願いのなかで、それは無理なく自分に受け入れられた。自己犠牲を強いられたという思いはない。長時間労働で心身ともに疲弊していたので、家事・育児で精一杯で、恋愛にエネルギーを振り向ける余裕がなかったというほうが正しいかもしれない。子どもがある程度成長してからは、むしろ、私は仕事を通して社会と結びつくことに心を傾けていった。世間が期待する母親という役割は、やはり私には息苦しかった。娘が結婚して、その後子どもを出産した時、私は産後の育児を手伝おうとしたが、もはや赤ちゃんの抱き方すら、すっかり忘れていた。娘は「この人は、孫にとって〈おばあちゃん〉というより、〈お父さんおばあちゃん〉という感じの人だからね」とパートナーに密かに耳打ちしていた。たぶん、娘の言葉は私の立ち位置を適切に表現していたと思う。

自由な主体としての個人なんて、女の私にはない

近代社会は合理的・効率的に生産力を向上させることを至上命令として人間に求めてきたと思う。そして、個人に生産労働を通して何らかの業績を残すことが「自己実現」だとして称揚した。生命や身体の営みに関わる労働は本来、進歩とか前進とは関係がない。むしろ同じことを螺旋状に繰り返す、終わりのない労働である。きれいにしては汚し、作っては消費する。成果はない。生命にまつわる領域は、面倒くさい労働にあふれている。しかし、それがなければ生命は一日たりとも生きられない。でも、社会はそれを見て見ぬふりをしてきたのではないか。

主に女性が担ってきたそういう労働の持つ意味や、そこから生まれる喜びや悲しみは、「愛」とか「母性」という言葉で片づけられ、社会はもとより、女性たち自身によってさえも、その価値は見過ごされてきた。私的領域において、歴史的に女性たちの尊い労働を通して積みあげられてきた知見は、新たな言葉で言語化され価値づけられるべきだと、つくづく思う。

私は長い間、「自由な主体」としての「個人」というものが存在すると思ってきた。そして、自分もそのような個人として生きたいと願ってきた。しかし、個人というものは、この近代社会を支配してきた男性たちが生み出した概念で、言ってみれば男性のことを指しているにすぎない。そもそも女の私には、そんなものは割り当てられていなかったのだ。それが、子どもを産んだり、ケアの責任を担ったりする経験から学んだ真実だった。子どもの養育というケア労働を通して、（多くの場合）女性は、男性とは異なる位相で世界を経験

していると思う。ケアは、自分の想像を超えた他者の声に、耳を傾けることなしには成立しない。そして、いつも関係性のなかで何が真実かを吟味する。女性たちが経験を通して見出した世界は、人間が人間との関係のなかで生きることを大前提としている。それは「個人」という一者ではなく、二者の間の対話から始まる生き方でもある。近代の個人という概念は、「個」に自由と権利を与えたけれど、同時に人間を対立させ孤立させてきたのではないだろうか。

あれだけ憧れた自由な個人に女は含まれない。しかし、私は「個」を捨てることはできない。二つの世界を内側に持ちながら、今まで家族に埋め込まれていた「母性という制度」から解放された新たな「母」の像を模索して、新たな「個人」として生きてみたいと思う。母という像は、一〇〇人いたら一〇〇通りあるはずだ。いろんな母親がいてよい。母親にならない母親がいてもいい。私のように母親になれない母親がいてもいい。私自身の持ち時間は少ないけれど、一人ひとりが「自分自身を生きること」を諦めないで正直に生きることが、やがて世界を変える力になるかもしれないと密かに信じている。

COLUMN 子を捨て得るのか――竹下しづの女の叫び

「短夜や乳ぜり泣く児を須可捨焉乎」（みじかよや　ちぜりなくこを　すてつちまをか）

この句の作者、竹下しづの女は一八八七年、裕福な農家の跡取り娘として福岡県京都郡（現行橋市）に生まれた。福岡県女子師範学校を卒業し小学校訓導を六年近く務めた後、農学校教師の夫を婿に迎えた。二男二女を産み、句作を始めて一年余りで詠んだこの句は、一九二〇年『ホトトギス』八月号の「雑詠」欄巻頭を飾り、大きな反響を得た。

しづの女はこの句の情景について、以下のように説明している。

「体が三つも四つもあつても及ばないほどの仕事をかゝへて女中難で庸人もなし、体も心も棉の如く疲れて眠つてゐる短夜の最中を乳不足の児は乳を強要して泣く。眠さは眠し半ば無意識に自分の乳房をあてがつた。然し出ない乳は児の癇癪を募らせるばかり。火のつくやうに泣く。『エッ。ウルサイ。』とはじめて正気に目覚めて見ると、其処には可愛いゝ児が泣いている。（中略）此の『エッ。ウルサイ。』といふ瞬間の表現が此句です。」（「自句自解」、「天の川」大十・一、坂本宮尾二〇一八、一〇四～一〇五ページより再引用）

現代的な言葉で解釈すれば、母親がワンオペ育児の限界でキレた瞬間をとらえた句といえよう。家事全般を担い、子を育て、夫の世話もし、句作の勉強もしたいのに、実際は自分の睡眠時間の確保もままならない。この状況で沸き上がった「エッ。ウルサイ。」という感情が「須可捨焉乎（すてつちまをか）」という不穏な言葉で表現されている。

なぜ、ワンオペによる感情の爆発が「すてつちまをか」になるのだろうか。人を捨てる、という言葉は暴力性と権力性をはらんでいる。捨てる側には相手を捨て得る主体性・優位性があり、捨てられる相手はそれを望んでいない、という含意がある。母親の主観としては、追いつめられた結果の突発的な感情かもしれないが、親のもつ権力性が一番弱い子どもに向かってしまった瞬間を暴く句でもある。

しかし一方で、諧謔を含んだ反語と漢文体が、「実際は捨てたりしませんよ」と語っている。親としては、もちろん反語にしておかなければならない。本当に捨てるとなったら、周囲近隣社会の非難もさることながら、自分の一部となってしまった何かを引き剝がすような痛みを感じるだろう。「すてつちまをか」という感情が浮かんだ時、親はどうするのだろうか。そう思った自分に慌てふためき、自身を責めるかもしれない。あるいは自身の権力性を自覚して、かえって冷静になるかもしれない。この経験が決して稀ではないことは、句に寄せられた反響や共感から推し量ることができる。そのような、誰でも身に覚えのある危うい瞬間を切り取った句だからこそ、読む人の胸を突くのだろう。しかし、もし本当に子を手放したいと思ってしまったら、はたしてそれを句に詠むことはできるのだろうか。

しづの女自身は、この「すてつちまをか」から想像されるような感情的な女性ではない。活発ながら忍耐強く献身的な賢母として生きた。夫が急逝してからは図書館に勤務するなどして一家を支え、生活の困窮、家族や自身の病苦、家族の軋轢を抱えながら五人の子の教育に力を注いだ。その傍ら、日常生活を理知的にとらえる句を作り、俳句に主観や自我を詠み込むという先鋭的な課題に取り組み続けた。

跡取り娘・妻・母としての役割を引き受けながら、自ら志した句作の世界も手放さなかった。両方を手放さなかったからこそ葛藤も大きかったであろう。しづの女は冒頭の句を「現今の過渡期に半ば自覚し半ば旧習慣に捕らえられ」た「中流の婦人の或瞬間的の叫び」としている。であるならば、この一〇〇年前の句が鮮烈な印象をもって共感を得る現在も、まだ長い過渡期のなかにあるのだろう。

（名村優子）

〈参考文献〉
坂本宮尾『竹下しづの女――理性と母性の俳人　1887‐1951』藤原書店、二〇一八年

第4章

性差をめぐる内なる声を聴く

INTRODUCTION

『もうひとつの声』という興味深い本があり、そのなかで「ハインツのジレンマ」という心理テストが引き合いに出される。不治の病にかかった妻の命を助けるためには、薬屋にある大変に高価な薬を手に入れるしか道がない。夫（ハインツ）はこの薬を盗むべき？　このような質問をされたら、みなさんはどう回答するだろうか。

実はこのテストは、道徳観や判断力の違いを調査するために少年・少女に向けて過去に実施されたもので、当時はその回答に明確な性差が見いだされたという。

興味をもった私は、ある集まりで二〇～四〇代の男女に同様の質問を投げかけてみた。すると男性たちの回答は、盗むべきであり、その理由は、妻の命ほど大切なものはなく、それに比べたら盗むことは道徳的にも法的にも軽いからだ、という。一方、女性たちの回答はこのような性質のものではなく、盗んだ薬によって生かされる妻の気持ち、薬を盗まれる薬屋の気持ち、監獄に送られる夫の気持ちに思いをめぐらせ、薬屋に事情を話して説得するとか、周りに助けてもらってお金をなんとか工面するとか、そのような内容であった。これらの回答のどちらがよりよい回答なのかは脇に置くとしても、これほど明確に回答の性質が異なるのは、いったい何によるものなのだろうか。

キーワードとなるのは「声」。先ほどの男性たちの回答には、他者の声は出てこない。しかし女性たちは、夫・妻・薬屋など、いくつもの人間から聴こえてきそうな声を想像して回答している。

もちろん、性差より個性差のほうが圧倒的に多様であることは間違いない。しかし、異なる身体、そこから生じる育ってきた環境、周りから明に暗に伝えられるメッセージなどの、さまざまな違い。これらによって、聴こえる声そのものや、その声の聴きとり方や向き合い方が異なるならば、それが私たちにどのような影響を与えてしまうのか。性によって異なる自分や他者との向き合い方について、一緒に考えてみよう。

1 他者を身ごもるということ

小松 蓉

子どもを産む（産まない）思想

出産の決断や、妊娠・出産の経験は、女性の生（性）にとって大きな問題であるにもかかわらず、それらが持つ意味を問うことは、ほとんど行われてこなかったのではないかと思う。医学的な言説や個人的な体験談は数多く語られているが、「人間の営み」という視点からの考察は少ないのではないだろうか。長い間「女性が子どもを産むのは当然」だという社会規範があり、女性には母性本能があって、妊娠も出産も「自然なこと」だと信じられ、女性自身もそれを疑わなかったからかもしれない。女性もまた「自然」の一部であるという認識が温存されてきたということか。

しかし、近代社会においては、女性も自我を持った一人の「個人」であるとの認識が共有されてきたはずだ。そして、科学の発展が生殖技術を向上させ、高い確率で避妊が可能になった結果、女性が一生妊娠と出産を繰り返して人生を終えるという過酷な生き方を強いられる時代は終わった。古くからの規範は根深く私たちの内面を縛っているけれども、少なくとも建前としては、女性も個人としてさまざまな生き方を選択することができる時代になった。子どもを産むか産まないかを女性が自分の意思で選択しなければならない事態が新たに生まれたとも言える。女性たちだけでなく、男性たちも、「子どもを産む・産まない（持つ・持たない）」ということについての「思想」が必要になっているのではないだろうか。ところが、「なぜ子どもを産むのか」という問いは聞いたことがない。なぜだろう。

私自身、予期せぬ妊娠をしてこの問題に直面した一人だった。その時まで、私は子どもを産むということを自分の人生に思い描いたことがなかった。女性であること、女性の身体を持っていることを、どこか肯定的にとらえていなかったからかもしれない。だから、ただ「生命は何よりも尊い」という慣習的な道徳的直観（あるいは強制命令）に頼るしかなかった。つまり、中絶することを極力避けようという消極的な動機だけがあった。情けないことに、一人の個人として主体的な「選択」をしたとは言いがたい。

他の女性に聞いてみると、「せっかく女性の身体を持って生まれたのだから、一度ぐらいその機能（妊娠・出産）を使わないともったいないと思った」「母親になりたかった」「子育てをしてみたかった」などという答えが返ってきたが、それらは本音だろうか。案外その程度の理由で、子どもを産んでいるのだろうか。あるいは、あなた（男性）の遺伝子を残したいから子どもを産むのだろうか。あなた（男性）への愛が子どもを産みたいと思わせるのだろうか。はたまた、文化の継承とか次世代の育成という人類の一員としての使命を果たすために、女性は子どもを産むのだろうか。

ハンナ・アーレントは「最高善としての生命」[1]という言葉を使って近代社会を批判している。その本意は深遠で私には十分理解できないが、「神は死んだ」（ニーチェ）後、近代社会は新たに「生命」を神格化したのかもしれないと思う。そのために母性という神話が必要になったのではないか。

（1）ハンナ・アーレント『人間の条件』志水速雄訳、二〇一五年

（2）優生保護法改正阻止運動。戦後制定された優生保護法は、その名称からして不良な子孫の防止をうたう明らかに障害者を差別するものであったが、一方でまもなく改訂された同法では、妊娠中絶手術の適用条件から、

人間は、動物性を持つ、つまり身体や生命としての限界を抱え込んだ存在である。そして、そのような自らの受動性を受け入れつつ、可能なかぎり自分が人生の主人公になり、自律的な生を営みたいと思って苦闘している存在なのではないかと思う。それならば、女性たちは、出産という問題を自分に対してどのように位置づけ、折り合いをつけて生きていけばよいのだろう。

「産む・産まないは私が決める」のか

子どもを産むのは、女性の自然でも義務でもないという当たり前の事実は、はっきりとは語られず、何かがその事実に蓋をしている。もし、それを公にしてしまったら、次に「女性が自分の意思で産む・産まないを決めることができる」という言説が導かれ、それが「誰かにとって」脅威になるからだろうか。

「産む・産まないは女が決める」や「中絶の権利」という言葉は、日本では一九七〇年代に優生保護法改正阻止運動のなかで[2]、フェミニストによって掲げられた。しかし、「権利」という言葉は社会の反発を招き[3]、一九八〇年代にはその言葉は「産む・産まないは私たちが決める」と変化し、さらに一九八七年には山田卓生による「自己決定」という言葉がそれに代わって定着していった[4]。そして「中絶の権利」も「中絶の自由」に変わったといわれている。

自分の身体が自分のものであるという認識は、男性にとっては自明のことだろう。しかし、女性にとっても自明なはずのこのことが、「産む性」というジェンダー・バイアスがかかるために、さまざまな政治的な意味合いや権力性をまとわされることになる。自分の

優生学上の理由によらない経済的理由を加えたため、不本意な妊娠から女性が身を守る役割を担うものにもなっていた。ところが一九七二年の改定案では、労働力不足を背景に妊娠中絶の適用条件から経済的理由を削除し、同時に胎児条項を加え、「その胎児が重度の精神又は身体の障害の原因となる疾病又は欠陥を有しているおそれがいちじるしいと認められるもの」とした。この改正に対して、障害者の側と女性解放運動の側から反対運動が起こった。その後、一九九六年に優生保護法は母体保護法と名称を一新した。なお、明治以来の堕胎罪は刑法として残っている。

(3) 松浦由美子「フェミニズムの主体と権利」、『現代社会学理論研究』第14号、二〇二〇年

(4) 山根純佳「リベラリズムの臨界——中絶の自己決定権をめぐって」第75回日本社会学会大会報告

身体は自分のものだ、と当たり前のことを女性が言った途端に、特にその時「権利」という言葉を使った場合、生まれてくる命は女性の〈所有物〉であるという認識を生み、場合によっては女性が利己的な都合で中絶してしまうという疑念すら生じさせることになるらしい。しかし、このような論理は多くの女性の実感とはズレがあるのではないだろうか。

多くの女性は胎児を自分の所有物だと思っていないと思うが、女性が個人としての人権を主張すると、「(女性の)自己決定権は、女性を〈身体を制御する主体〉さらには〈自由に生き方を選択する自律的個人〉として描きだすことになり、胎児を〈所有物〉とみなす論理と共犯関係を築くことになってしま」う。こうして個人としての女性が、自らの身体について語ろうとする言葉は、ことごとく封じられてしまうのだろう。つまり、この論理は最初から、女性が「自由に生き方を選択する自律的個人」であることを禁じているのである。

ところで、キャロル・ギリガンによれば、中絶に直面した女性たちに聞き取り調査をした結果、女性たちの思考のなかには、男性の一般的なそれとは異なる「道徳的判断」が見出されたというのだ。女性たちは、産む・産まない(中絶)の決断をする時に、単に利己的な関心からではなく、いかにして他人(胎児を含めて)を傷つけないですむかをまず考え、自分の判断に他人の視点を含み込んでしまうというものだった。ギリガンは、それを「正義の倫理」に対する「ケアの倫理」として位置づけた。「正義の倫理」の基底には、自己をあくまで他者から分離した存在、「自律した主体」としてとらえる人間観がある。そして「個人」には権利が保障されていて、さまざまな道徳的な判断は、他者との間の権利との競合から生まれ、それをいかに公平・公正に解決していくかという論理の道筋をとる。一方、「ケアの倫理」は、すべての人が取り残されたり傷つけられたりすることなく存在することを理想とする。「目の前で困っている他者のニーズにどう応答するか」が道徳的判断の起点になり、人間の持つ「権利」より「責任」が重要な視点になる。解決方法も、公平・公正という形式的・抽象的な原理ではなく、具体的な複数の責任を自分がどう調停するかという、文脈依存的な原理に基づくものになると語っている。(5)

この二つの倫理規範は、男性と女性の判断規準の差異として、日常的によく経験されていると思う。私の友人夫婦の夫が、ある時、妻のことを「彼女はとてもいい人だけど、チョー遠慮っぽいんだよ。なぜだろうなぁ」と歯がゆそうに私に尋ねた。その時、私のなかにある光景が即座に思い出された。彼女はバスに乗る時には、いつもお釣りのないように小銭を用意している。たまにそれを忘れると「どうしよう」と猛烈に焦る。それを見て、夫は「お釣りはバスの側が用意すべきことであって、キミの責任ではないじゃないか」と苛立った。夫は自分の「権利」から出発して思考し、行動を決めている。自分と相手の間に明確に線を引いて、権利・義務の関係で物事を考えていた。ところが妻は、他の降車客が、自分が両替をするあいだ出口付近で並んで待つことになるし、バスの発車自体も遅れてしまい、急いでいる乗客に迷惑をかけてしまうのを恐れていた。その場にいるすべての人を傷つけないように、妻は自分が「責任」主体であることを起点として判断し、行動を決めていた。自分と他者との相互依存性や関係性のなかに自分を置いて考えているのだ。

ちなみに彼女は、ほぼ専業主婦として五人もの子どもを育てるという経験をしている。つまり彼女の思考は、常に他者をケアしなければならない環境のなかで培われてきたとも言える。一方、夫は、結婚する時に家父長制に抵抗して、妻の姓を名乗ることを積極的に

(5) キャロル・ギリガン『もうひとつの声——男女の道徳観のちがいと女性のアイデンティティ』川島書店、一九八六年、同『もうひとつの声で——心理学の理論とケアの倫理』風行社、二〇二二年

選択したほどの男女平等論者であり、周囲から愛妻家だと言われ、家事にも育児にも積極的に関わってきた。そして、そんな人物でも、彼女の「チョー遠慮っぽい」のは、お互いの倫理的判断の根底にある違いであることを、はっきりとは認識できないのだ。

このように男女の性差（ジェンダー）は、男女間にさまざまな葛藤を生み出している。女性が「産む・産まないは私が決める」と主張することが、男性中心の社会のなかでは、利己的な「権利」の主張だととらえられる構造が、改めてよくわかった気がした。

そうだ、社会には「もうひとつの声」が存在するのだ。そして、それは私のなかにもある。個として生きることと女性として生きることは、そもそも矛盾する論理を孕んでいる。

もうひとつの声で

「権利」の論理を進めていくと、妊娠中絶は母親と胎児の「生命」の権利の競合になってしまうが、女性はその時、胎児を自己と切り離された「他者」として対立的に認識しているのではないし、ましてや所有・被所有の関係でもない。胎児は、自分の一部であり、同時に他なる生命でもあるという、あえて言えば「両義的な存在」なのだ。だから、自己決定する時の「私」は、私の身体という境界を超えた「私」なんだろう。このような女性の「生」の現実は、個を中心とする思想のなかではとらえきれないように思う。

女性は男性のように性と生殖を分離することは不可能だ。産むことも産まないことも自分の身体を通して起きる事柄であり、「私」はその身体を通して生きざるをえない。だから、それは「私」の生き方の決定権でもあるのだ。

女性の道徳的判断にあるこのような傾向について、自分自身を振り返って、たしかに子育て中は、権利よりも「責任」という意識に支配されているバランスの悪さを感じていたと思う。「ケアの倫理」は他者の命の呼びかけに応えるものであるだけでなく、本当は自分の心身のケアも含むものでなければならないはずだ。他者への責任だけでなく、自分（のニーズ）に対する責任も含まれなければならない。しかし「母性」という制度は、子どものために自己を犠牲にしてまで献身する生き方を女性に求めてきたと思う。その「よい母親像」に女性は苦しめられてきた。自己犠牲は、倫理的には「善なるもの」に見えるかもしれないが、「すでに」個人として生きている女性（母親）の人権を踏みにじるものでもあることは、はっきり主張されてもよいと思う。ここに深い葛藤が生まれ、女性のその怒りは、時には不本意にも弱者である子どもに向かい、虐待を生み出すことにもなるのではないだろうか。

別の言い方をすれば、自己のなかに他者の視線を含み込むという道徳的な判断の仕方は、不本意にも、自分自身の声が他者の声と絡まってしまい、自分の個としてのアイデンティティを混乱させる要因になる。そして、子どもとの共依存など、他者との関係性自体を歪める危険性も孕むものであることにも、もっと自覚的でなければならないと思う。

母であることと個であることが対立的にとらえられるのではなく、それらを調停するような新たな関係性を求めて、日々子どもの養育に追われながら、深く悩んでいる女性たちがいるのではないか。少なくとも私はそうだった。「母性」という呪縛から逃れて、新しい母親像 Mother＝(M)other であるような、「母であり、個（他者）である」ことが両立するような存在のあり方を、どうしたら自分のなかに築いていくことができるだろうか。

これは女性だけの問題なのか

「産む・産まないは女性自身が決める」という考え方は、産む決断をした女性のその後の出産・子育てにおける困難や、子どもを持たない女性が抱える困難に対して、「それはあなた自身が決めたことでしょう?」という理由で、女性個人に責任を負わせる。いわゆる「自己責任」という新自由主義的な主張に絡めとられていっていると思う。仕事と育児の両立は、個人の采配にかかり、うまくいかないのは個人の能力不足にされてしまう。孤立させられたなか、一人ひとりの女性は歯を食いしばって頑張っているのだ。出産・子育ては本来、人間の共同的な営みとして、社会が支援していくべきだと思うが、社会環境を整えることをせずに、「家族」という私的領域に問題をすべて封じ込めて不可視化させている。

繰り返しになるが、出産・育児という女性の経験は、「人間の営み」という視点からはほとんど語られてこなかった。少なくとも女性は、言葉にすることを構造的に封印されてきたのだと思う。だからこそ、自己や身体を語る言葉を、女性が日々の子育てのなかで丁寧に懸命に探していくことができればと願う。

「もうひとつの声」は私のなかにもある。二つの異なる声は、ジェンダー(社会的・文化的につくられた性差)の違いに還元できるものではないかもしれないが、女性と男性の身体の非対称性や割り振られたジェンダーから、誰一人自由な人はいないこともまた事実だろう。「産む・産まない」ことを両性共同の「人間の命の営み」として考えていくためには、男性と経験を共有しながら、粘り強く対話していくしかないだろう。もし、誰かが「もうひとつの声で」この問題に応答してくれたら、ぜひ耳を傾けて聴いてみたいと思う。

COLUMN

シャドウ・ワーク shadow work

現代産業社会を、生活の自立・自存subsistenseを奪っていくシステムとして鋭く批判した思想家イリイチ（Ivan Illich、一九二六－二〇〇二年）が提唱した概念。女性が行っている家事や育児、子どもたちの試験勉強、会社員の通勤など、財やサービスを生産する賃労働を補完するものcomplementでありながら、決して支払われることのない仕事unpaid workを、イリイチはシャドウ・ワークと名づけた。そして彼があげた、とくに家族の間で行われている日常のありふれた仕事に社会の光が当てられない四つの理由（覆いmask）が興味深いが、ここではその主な二つを取り上げておく。一つは、「女は家事育児、男は賃労働」が性別に本質的だという近代につくられた神話。これによって、男／女、生産／消費、公的／私的などの隔離体制apartheidが築かれてきた。もちろん今日では、性別分業が神話であることが暴かれ、隔離体制が近代特有のシステムであることが明らかになりつつあるが。二つめは、シャドウ・ワークと社会的再生産social reproductionとの混同。社会的再生産という概念は生活の自立・自存のための活動を覆い隠し、「非生産的な女性が『再－生産』ということで慰められる」というわけである。

家族の問題を考えるうえで、シャドウ・ワークという視点は示唆に富んでいると思う。たとえば、障がいのある家族のケアを考えてみよう。家族がケアしても賃金が支払われるわけではないが、同じケアを行う施設職員には支払われる――原資は公的資金だが、低賃金。ならば、家族にも賃金を支払えと言うべきだろうか。しかし、家族の勤務時間は何時間なのかという現実的問題もさることながら、家族ケアはそもそも労働なのかという問題がある。さらに、リハビリや「自立」が見込めない家族のケアの場合、賃労働を補完する活動でさえない。問題は、このようなケアを深くて暗い影で覆い隠してしまっている社会にあるのだろう。シャドウ・ワークという視点は、市場原理で覆われた社会のあり方を問い直すきっかけを与えてくれる。

（藤谷　秀）

〈参考文献〉

I・イリイチ『シャドウ・ワーク』玉野井芳郎訳、岩波現代新書、一九八二年

2 性と家族をめぐる男の「もうひとつの声」

佐藤和夫

男にとっての「他者」とは

男の身体は語られない。

女性の初潮や月経については、学校教育で最低限、知識として妊娠の問題とあわせて教えられ、以前よりもずいぶん改善されているという話だ。しかしながら、性の問題が人間の尊厳の根底にかかわる問題として位置づけられて、パートナーや異なるセクシュアリティとの人間的関係をアイデンティティと人権の根本問題としてとらえる学びの機会があるかといえば、ほとんどないと言っても過言ではないだろう。

まして男性の性の問題を、性のもっとも重要な問題として考える機会はほとんどなく、大半の場合、エロ話として語られるにすぎない。その典型的な一例に、精通という問題がある。精通という、女性の初潮に等しい身体現象について、学校教育のなかで教えられることが、いったいどれくらいあるのだろうか。たしかに、教科書によっては、精通という単語の存在は教えられるかもしれない。しかし、それは原子の衝突というような物理的な現象の名称でしかなかった。自らの身体を内側から突きぬくような強烈なからだの反応を、精通として理解することはなかった。

実際、私が初めて精通という現実にぶつかったときには、ひたすら困惑しかなかった。

おねしょをしたのだろうかと思って、突然、夜中に一人で起き上がってトイレに行ったことを覚えているが、おねしょとは明らかに違う臭いと濡れ方に、ただただ困惑し、洗濯に出すわけにはいかないパンツをひっそりと洗った記憶がある。

しかも、こうした経験をはじめとする性をめぐる戸惑いは、男性と女性を決定的に分断するものであるようだ。女性の場合、個人差が大きいとはいえ、三〇年近い年月を月経や妊娠出産という労多き営みと付き合っていかなければならない。かなりの女性にとって、一か月の三分の二はその影響を受けるもので、生理をまったく意識しないで過ごせる期間は一週間程度にすぎないという。ちなみに、私がそのような女性の基礎的経験をそれなりの知識として正確に知ったのは、四〇歳前後だったというのが正直な告白だ。

それだけではない。そもそも、男性の性の経験はまるで逆さまと言ってもよいほどなのだ。男性の場合、精通の経験から始まる性的興奮は、止めようがないほどの快楽として経験される。毎月の月経が、ときには強烈な痛みや精神的抑うつ感を伴う女性とは、一八〇度反対の経験と言ってよいものだ。苦痛でも苦しみでもなく、言葉による表現を拒否するような強烈な衝動と、それによる快楽の爆発だ。だから、性をめぐる現象が女性にとっては人生の苦痛と結びつくなどというのは、一人の男性として生まれた私にとっては想像を絶する。

誤解を避けるために言えば、私に関しては、精通以後の性欲の自覚は決して心地のよい経験ではなかった。性的興奮はどこでいつ始まるのかコントロール不可能なものだったし、いったん始まれば、その興奮を治めるためには、射精行為をするのでなければとても厄介なもので、文字どおり、手に負えない。

この手に負えなさは、私にとってはとても嫌な経験で、できればこの生殖器＝ペニスを切ってしまって、この衝動から解放されたら、どれほどいいだろうとさえ思うものだ。だから、一人の男性である私にとって、ひたすらペニスという生殖器だけが、コントロール不能と感じられる「他者」なのである。特に身体的なハンディキャップを抱えることなく育ってきた私にとって、「身体」全体が他者であることなどは決してなく、厄介きわまりない生殖器を除けば、むしろ私は透明人間のように生きてきた。そのうえ、運動能力が比較的秀でていた私にとって、身体は自分の精神に反した働きをするようなことはなく、自分の精神の尊厳を容赦なく踏みにじる敵対物ではなかった。

だから男の場合、身体における丸ごとの「他者」性の尊重というのは、きわめて難しい。

性における「他者」の尊重

女性は「自分の判断に他人の視点を含み込んでいる」いう発言（小松）に、私は言葉を失ってしまう。それに対し、男性が「他人の視点」を含み込んで性の問題を考えるようになるのは、意識的な教育の積み重ねを通じてしか不可能のように思われる。男性の性衝動は、さしあたっては、当然湧きあがってくる内からの衝動を発散させる以上の欲望としては現れない。だからこそ、男性からのレイプという、もっともおぞましい性犯罪が繰り返されるのだろう。この問題を、勃起と射精欲という生物学的事実に還元されていいはずがないだろう。レイプは、「自分の判断に他人の視点を含み込んでいる」という行為ではなく、自分の欲望を実現するために「他者」の身体を手段化する行為でしかない。

とはいえ、レイプはもっと悪質なものと考えたほうがよいかもしれない。「他者の視点」

が存在しうるとすれば、戦争とレイプが深く結びついているように、相手を支配するための自覚的行為として行われるのである。すなわち、「他者」との共存どころか、「他者」への根深い男性による支配欲の具体的表現であって、平等な人間関係においては起こりえない。深刻なのは、男性の大半がそのことをごく当たり前のこととして受け入れているということである。

性が支配と独占的暴力の手段と考える長い伝統のなかで、女性自身のなかにさえ、性の自己中心的な行動に対しても性愛の当然の表現であると思い込んでしまう傾向がみられないわけではない。独占欲や嫉妬心という、まったく動物的な衝動を愛の表現だと考えるのは、その一例かもしれない。たとえば、私がある女性から聞いた言葉は、あまりに的を射ていて、言葉を失わせた。彼女によれば、「私が他の人を好きになったり、性関係を持つことはいいけれど、自分の夫がそうするのは許せない！」というのだ。私が言いたいのは、女性が自分勝手な思考をしているということではなく、今でも、イスラム教文化の地域においては、一夫多妻の仕組みは依然として珍しいことではないという事実だ。日本でも戦前は、「姦通罪」というものが存在した。「姦通罪」は一般に、結婚した男女が行う婚外の性関係を罰する法律ではなく、男の所有物である妻という財産の侵害に対する法律なのだ。

他方で、男女を問わず、自分の愛しているパートナーが自分以外の相手と性交渉を持つことを嫌悪するのは、ほとんど普遍的事実であろう。そういう意味では、男であれ女であれ、「他者」を手段として利用したり、相手の存在を無視する自己中心的な存在でありうることに違いはない。亡くなった瀬戸内寂聴は、自分が産んだ子どもを捨ててまでも、好きな男のもとに走ったという。女性といえども、いったん本気で男性を好きになれば、子どもを捨ててでも男性のもとに走る可能性は十分にある。ツキノワグマは、自分が生殖したいと思う雌熊がいると、この雌熊が育てている子熊を襲って殺そうとするそうだ。子熊を殺せば、雌熊に発情期が訪れて、自分を受け入れるからだ。「他者」性のみじんも感じられない要素を人間が所有していることは確かなのだ。

「他者」性を尊重しあう「親密」性の組み換え

性というものがかようなエゴイスティックで暴力的な要素を持っているとすれば、妊娠・出産、さらには子どもを育てるという人類の抱える難事業を、責任をもって無事果たせるような社会の形成は、どのように可能なのだろうか。このような性の自己中心性を避けるためには、妊娠中および育児中は、自ら性的存在であることを封印するという方法が、しばしば現実に行われてきたやり方だろう。しかし、これはどうにも無理がある。子どもを計画どおりに妊娠時期を決めて出産し育てるというのは、かなり非現実的であるのと同じく、人間には、いくらそのつもりがなくても「恋に陥る」という想定外の事件が勃発する。人生は予想がつかないのだ。

そのうえ、もっと根本的な問題がある。そもそも、子どもがたった二人だけの親(ひとり親のケースもあるが)によって育つことがよいことなのか、という問題だ。私は、学校の教員を三五年以上勤め、親として三人の子どもと四〇年以上にわたってかかわってきて痛感することがある。それは、自分の子どもに対してはもちろん、学生・生徒にも、差別することなく相手を尊重し、「愛し」たいと思っていても、どうにも相性の合う/合わないという問題から自由になれない自分がいることだ。子どもの側からしても同様だろう。

どんなに誠実でよい親でも、子どもにとっては、それが息苦しい関係となることがある。担任の先生が、他の生徒にとってはどれほど立派で素晴らしい先生だとしても、本人には、どうにも気の合わない存在である可能性は避けられない。

もっと付け加えれば、たとえ教師と生徒、あるいはカップルや親子の間に理想的な人間関係が成り立ったとしても、時にはそれ以外の関係が必要なのだ。より危険な事実を言おう。どんなに素晴らしい夫婦やカップルだって、たった二人だけの閉じた関係に生涯満足できる人がいるとすれば、私は少し眉に唾をつけて観察したくなる。たしかに、恋の炎に燃えている間は大丈夫かもしれないだろうし、母親には産後しばらくの間は夫さえもうっとうしくなるほど、子どもに集中するときがあると聞く。私は、そういう蜜月時期（ハネムーン）の存在を疑わないが、それが人間の真実の姿かと言われれば、どうにも受け入れがたいのだ。どれほどパートナーが優れて思いやりに満ちた一〇〇点満点の存在であったとしても、その関係だけに留まれと言われたら、私は息が詰まってしまう。あるいは、逃げ出したくなる。

そのことは親子関係でも同じではないのか。相性の悪い親子関係は決して幸福ではないだろう。たとえ相性が合う親子だって、思春期になれば、子どもの側からはうっとうしくてたまらない時期があるのは、ごく当たり前のことだ。

この点で、日本の伝統的な家族観、あるいは親子関係は、大いに示唆に満ちている。江戸時代、親は実に多様な形で存在していたという。出産の際にいろいろ世話をしてくれる人物に、取り上げ親、名付け親などといわれる仮親が存在し、その後も子どもの成長の段階に応じて烏帽子《えぼし》親、鉄漿《かね》親、仲人親、ワラジ親、職親等の仮親が存在したという。つまり、大人として自立するまでのさまざまな段階で、保護者あるいは援助者が存在していて、彼らがある種の親機能を担い、子どもの成長をバックアップしてくれているというのだ。明治時代に生まれた私の父の場合、七人兄弟姉妹だったのだが、産みの親もとで一緒に育ったのはたった三人だけだった。残りの四人は、叔父の家や近所のつながりの深い家で育ったのだという。私は、他の家で育ったその姉妹を含め、父たち七人の兄弟姉妹が、別の家で育ったということにかかわりなく、生涯にわたってつながりを強く意識して交流しているのを、はっきりと記憶している。それどころか、その子どもを引き受けた近所の雑貨屋の親たちとは特別の親しさを感じていたようだった。このように家族が核家族の閉じた関係ではなかったという事実とその意味は、血縁関係が多面的であっただけでなく、地域のつながりあいが子どもの成長にとって不可欠の核をなしていたということだ。

逆に見れば、特別の親密な家族関係というのは、近代国家のなかで家族がそれまで他の家族や地域と築いていた関係を断ち切って、カネで他のすべての面倒な関係をなくし、自分だけの「心地よい」主観的な家族イメージを貫ける私的な家族をつくろうとしたときに生まれたものではないか。近代家族の理想像とは、「親密」で居心地のよい「居場所」を与えてくれればいい――そうした「主観的な」感情の共同体という幻想ではなかったか。

むしろ、現実の生活を成り立たせる家族というものは、文字どおり、「自分の判断に他人の視点を含み込んでいる」女性の視点を配慮しあわないと成り立たないものではないか。それは「心地よい」主観的な感情の世界というよりも、それとはまったく逆の、けなげなほどの献身と誠実さの追求のなかで、わずかに可能になるものかもしれない。「他者」の視点を組み込んだ家族関係の形成というのは、一生のなかでたった一人の人しか愛さないという貞淑さの鑑のような生き方と同じように、個人の内面的倫理規範として持つことは望ましいことではあるかもしれない。しかし、それがすべての人の社会的規範とされれば、それは逆に、相互に無限の不信や裏切りをもたらす社会になるのではないか。親子の間には、時に愛し合えないこともあるだろう。カップルの間には、他者を完全に排除した「純愛」の世界に生きられるわけもなく、むしろそれは例外的状況なのだと黙認しあうことが重要ではないのか。個々の家族員が犯す「ひとでなし（人非人）」的行為をも、人間関係の致命的破壊に至らせないというあり方から出発するしかないのではないだろうか。

長い間、家族を形成してきて深く思うことがある。家族で最も重要なことは、一時的な裏切りや齟齬や不信が消えることではなくて、そうした居心地の悪さの経験にもかかわらず、ともに生活しあう存在であることを認め合い、続けようとする姿勢である。

「他者」の尊重とは、帰するところ、相手が自分の思うようには動かないこと、自分が願ったり希望したりするようには相手が反応してくれないことを認めることから始まる。「他者性」の尊重を可能にするような、新たな人間関係を家族のなかにつくり始めることが一番必要かもしれない。

3 どのように他者の声を聴きとり、語り合えるのか

川上和宏

世代の異なる女性（小松）と男性（佐藤）の、性とパートナー関係（家族関係）をめぐる対話を読み、ぐっと考えこまざるをえなかった。そしてキーワードとなるのは「対話」と「他者性」である、と私は読み取った。二人の論考を私なりにつなげて考えるならば、パートナー関係も家族関係も、目の前の相手は自分の思いどおりにならない「他者」であることを前提としたうえで、それでもなお「ともに生活しあう存在であることを続けよう」とする姿勢が必要である。そして、その姿勢や意思を交わすために、「お互い」の間の声を聴き「対話」することが欠かせない、と。

「聞く」ことと「聴く」こと

おっしゃるとおりと思う。思うのだが、どうも耳が痛くて仕方がない。なぜ耳が痛いのか。正直に話せば、「もうひとつの声」＝自分と異なる他者の声に、いつでも十分に耳を傾け、話し合いに応じてきたかというと、まったくもってイエスと答えられないのだ。

私はよく、相手から「ねぇ、きいてる？」と問われることがあって、「聞こえてる」と返事をしてしまうことがある。すると、〝聞〟こえてると〝聴〟いているは違う、とたしなめられるのだ。その人の言葉を借りるなら、音を聞き流すだけの〝聞く〟と、〝聴く〟は違う。目と心を十分に傾けて相手の声を受け止め、応答するのが〝聴く〟ことなのだ、

と。

日々の暮らしのなかでの会話から、深刻な話でさえ、仕事や気分、端的にいえば〝自分〟を優先させて、相手の話に応じてこなかったことが多々ある。私は耳がよいほうだから、文字どおり音を〝聞く力〟は高いといえるのだが、相手の声を〝聴く力〟は著しく低いのではないか、と思うことがたくさんあるのだ。

では、なぜ相手の話を〝聴〟けないのか。それは究極的にいえば、相手との関係をめぐる葛藤を、〝自分の権利〟VS〝相手の権利〟の間の葛藤ととらえているからではないかと思う。人と暮らしをともにするなかで、もしくは他者とともにする時間を過ごすなかでムクムクと膨らんでくるのは、自分一人で自由に過ごしたい、誰にも介入されず一人になりたいという、いかんともしがたい欲求である。まさに「自己をあくまで他者から分離した存在、『自律の主体』としてとらえる人間観」（小松）そのものだ。

そして困ったことに、この欲求と相手の要求との間の折り合いのつけ方が、相手の声に耳を〝塞ぐ〟こと以外の方法を知らないのかもしれない。

だから、女性たちは「単に利己的な関心からではなく、いかにして他人を傷つけないですむかをまず考え、自分の判断に他人の視点を含み」ながら、何が「最善の策であるのか判断している」という言葉に、最大級の反省の念を抱かされてしまうのだ。

ある行動を考えたとき、自分がしたいか／したくないか、自分がするべきか／するべきでないか、といった自己中心的な、いわば「自由で対等な『個人』というものが持つ『主体性』」（小松）という基準を超えた判断を、私はこれまでどれだけやってきただろうか。

そして同時に、私とは真逆の、他者を「傷つけ」ず、他者の「視点」を含みながら「最善の策」を判断するという、この行動原理のもと、さまざまな関係の下支えをしてきたのが女性であったのかもしれないと、ようやく気づかされる。

男性と特権、抑圧から自由であること

少し話を膨らませるようだが、やはり気になるのは、私のように平気で（とはいえないけれど、ぼちぼち平気で……）他者の声から自由に判断し行動できてしまうような性質（≒男性性）、もしくは他者の声を自分の判断に含み込んでしまう性質（≒女性性）が、いかにして形成されるのだろうか、ということだ。

男性という身体的性をもった自身の経験を踏まえて、「生殖器」だけは自身のコントロールを超えた「他者」であるが、それ以外の身体は比較的コントロールが可能で、女性のように「身体における丸ごとの『他者』性」を経験したことはなかった（佐藤）、ということの言葉は、私も大いに心当たりがある。

一方、多くの女性たちから、生理の苦痛や苦悩の話を聞いてきたし、低用量ピルの服用を始めた女性からは、ピルによって生理周期が安定し、またＰＭＳ[6]が軽減したことで「毎月あんなに苦しかったことがかなり減って、むしろ男って、なんて！　なんて！　自由なんだろうって本当に思ったよ」という感想も聞いた。

性を身体的性（セックス）と社会的性（ジェンダー）に区分するならば、語弊があるかもしれないが、これらは前者の身体的性に属する違いに近いように思う。女性はその身体的性質上、コントロールのしようのない、内なるもう一人の自分、つまり〝身体〟と対話をしながら生活せざるをえない。

（6）月経前症候群。月経が始まる三～一〇日ほど前から身体的・精神的に現れる不快な症状のことを指す。

一方、男性は比較的、身体との対話からは自由であって、女性に比べて丸一人分、対話をしなければならない相手が少ないことになる。とはいえ男性の場合、それが仇になっているようにも思え、身体が対話をする相手ではないから、異変が起きても身体が発する声に耳を傾けられず、過労死や自殺に至るまで身体を追い込んでしまうのかもしれない（現に、日本の自殺者の男女比は、女性の二倍以上を男性が占めている）。

これら身体的性の性質の違いに加えて、社会的性（ジェンダー）の獲得過程にも差異がある。近年、男性は知らぬうちに「特権」を帯びている(7)、という話を耳にするようになった。それは選挙権や私有財産の権利が男性にしかない、というような権利上の男女差ということではなくて、たとえば夜遅くまで飲み歩いても夜道を一人で帰る際に怖い思いをしなくてすむとか、満員電車に乗っても痴漢される心配がないとか、男性が話しはじめると女性たちは目を向けて聞いてくれるとか、女性が家事や料理ができるのは当たり前だけれど、男性がちょっと手伝ったくらいで周りから賞賛されるとか。挙げるときりがないのだが、このように女性なら当たり前のように頭の片隅で考慮したり配慮したりせねばならないことから、男性は〝自由〟であること＝特権というふうに語られる。

正直に話せば、こうした指摘がなされてはじめて、「あれれ？」って、そのおかしさに気づかされるのだ。私が当然のように、無意識にやってきたこと。一人で飲みに出かけること、満員電車で通勤・通学すること、仕事や家事……どれ一つとっても、女性たちはまったく別の経験やとらえ方をしているのではないか。私が「抑圧」をあまり経験せずに生きてこられたのは、たまたまこの社会に男性として生まれ、かつ身体的性と性自認の間に違和感があまりなかったというだけで、男性が優位な社会に裏打ちされて、〝下駄をはかせて

(7) この男性の特権という点については、キム・ジヘ『差別はたいてい悪意のない人がする』大月書店、二〇二一年をおススメする。

もらっていた〟だけなのかもしれない。

もちろん、この〝下駄〟がいつでも自分の足に合うものか、自分の願いに沿うものかどうかはわからない。たとえば私の兄は、親族のなかで初めて生まれた男の子だったから、祖父の名前の一字をもらって命名された。と同時に、これは家を継ぐ証でもあり、幼少期から家を継ぐものだと周りから言われて育ってきたという記憶がある。兄は結婚するまでずっとこの長子相続問題に悩まされていたように思う。

また、二〇二〇年頃に、私が地方の大学で行った授業のなかで、「男／女だから〇〇しなさい、もしくは〇〇するなと言われた経験はありますか」というアンケートを学生にとったところ、今でもなお、長男だから家を継げ、家業を継げと言われて育ったという男子学生の声が露わになるし、加えて、泣くな、弱音を吐くな、拳で解決しろ、悩むな、行動しろ、働いて女より稼げ、妻子を養え……などがあがる。いわゆるステレオタイプな男性像を刷り込むようなメッセージを受けて育ってきた人が、いまだに少なくないようだ。こうしたメッセージを読んでいると、男女共同参画基本法が成立して二〇年もたつのに、ジェンダーギャップ指数があまりに低い日本の位置を、学生たちと一緒になって納得してしまう。

聴き方と、語り方を学ぶために

話を対話と他者性に戻そう。他者性の獲得は、小松・佐藤の文章から考えれば、コントロール不可能な身体的経験と、周りの人たちや社会からの被抑圧の経験――自分の願いとは反して、場合によっては攻撃してくる社会――という二つの、苦悩や葛藤、格闘の果てにはじめて可能となるのかもしれない。

しかし、男性の場合、第一に身体のコントロール不可能性は経験しづらい。そして第二に、泣くな、弱音を吐くなといった感情のコントロール、自分の心の声に耳を〝塞ぐ〟訓練を幼少期からひたすら徹底されてしまい、自分の気持ちや願い、社会や相手への違和感に抑制がききやすく、社会からのメッセージを「抑圧」だと認識しづらいのかもしれない。

いいかえれば、自分の〝身体〟と〝心〟の二つの声に、幸か不幸か、耳を傾けずに済んで生きてしまえる。それゆえに、自分の願いと周りや社会との間のズレを認識するための、いわば〝軸〟を獲得しづらいのかもしれない。この点、「私は透明人間のように生きてきた」(佐藤)という一言は、あまりに的を射ているように思える。

私が経営しているカフェでは、哲学カフェといって、一つのテーマについて考え語り合う場を開いているのだが、以前「寂しさを感じるとき……」ということを考え合ったとき、七〇代くらいの男性が会の終わりに、こう語った。

「寝ても覚めても一人……この絶望的に孤独な暮らしのなかで望むのは、〝寂しかったんだね〟と、ただただ、だれかに共感してほしいんです」と。その言葉とともに、人目を憚らず大粒の涙を流しながら呟いたシーンが、私は忘れられない。

七〇代の、それも男性が泣きながら語るという姿を目の当たりにしたとき、絶望的と自ら言ってしまうほどの孤独感に苛まされる状況に、この男性を追いやってしまったのは、いったいなんだったのだろうと深く考えさせられる。と同時に、この男性にはひどい話だが、「こうなったらいけない」とも思ってしまった。

そんな状況になる前に、私たち男性は、自身の声を臆面もなく伝えられる他者とのつながりを、暮らしのなかにつくっておかねばならない。そして、そのためには、これまで多くの女性たちが担ってきてくれた「他者を傷つけず」「他者の視点を含んだ」対話によって、家族も、家族を広く超えた関係も耕しつづけなければならない。

女性たちの語りを聴くことは、しばしば深い反省と気づきを与えられる。男性にとっては、いつでも心地よいものではないのかもしれない。しかし同時に、自分の身体と心の声の〝聴き方〟、自分とは異なる他者の声の〝聴き方〟、社会と自分の折り合いのつかなさとか葛藤や格闘の経験の〝語り方〟を、男性は女性たちから学ばねばならないのだと、一人の男性として切に思うのだ。

COLUMN 平成時代のミソジニー

「私の一〇代、二〇代、返せって感じ！」

つい最近、同じ年に生まれ同じ出身地の友人と話していた時に、口から出てきた言葉だ。建前上は男女平等でも、私たちの日常には女性差別が散りばめられていた。学生時代は「モテ」が常に意識され、毎日流れるテレビには「女の子はバカのがモテる」と教えられた。コンビニのエロ本や、電車の吊り広告に毎度心が傷つけられた。多くの女性が結婚相手を「主人」と呼び、一歩下がって歩いているように見えた。大学生になると、飲み会で料理の取り分けを期待されたり、もっと男性を立てるように注意されたこともあった。大学院生の時に進路をまだ決めてなかったら、非常勤講師を勤めていた元中学校の体育教諭から「これだから女性の高学歴は困る、子どもは三人は産みなさい」と言われた。

そんな私はパワレスだった。これだけ不快な感情をもっているのに、そういう場に出くわすと、自由に意見が言えなくなった。口封じをされて、自分の感情に蓋をされるような抑圧された気持ちになり、「女」であることが恥ずかしいとすら思ったこともある。そして、子どもの頃にはどこか他人事だった政治家の女性蔑視発言や性暴力のニュースに対して、歳を重ねるごとに、まるで自分のことのように怒りが湧いていった。

こんな社会を「ミソジニー」と呼ぶ。ミソジニーとは、男性の立場から訳すと「女性蔑視」、女性の立場から訳すと「自己嫌悪」ともなる。男性が女性を所有する社会構造によって、男性は女性を見下し、女性は自身を嫌悪してしまう。社会学者である上野千鶴子は、この背景には、男性同士が互いに認め合う連帯（ホモソーシャル）があり、その連帯はしばしば、男になりそこねた男性と女性を排除・差別することで成り立っていると説明する。

二〇一七年に、世界的な#MeTooムーブメントが起こった。あるアメリカの女優による性暴力被害の告発をきっかけに、SNSで「#MeToo」と多くの人びとが連帯した。「こんなふうに、おかしいと声をあげていいのか！」と私は心を震わせた。一方、同時期の日本では、私と同世代の伊藤詩織さんが性暴力被害を告発したが、当時の日本社会の反応は非常に冷淡だった。それどころか、オンライン上での誹謗中傷は酷いものであった。しかし伊藤さんは、ここで泣き寝入りしてしまえば、日本社会のミソジニーを再生産することになると危惧し、長い年月をかけて闘い抜き、見事に、性暴力に関する訴訟とセカンドレイプ（誹謗中傷）に関する訴訟で勝訴した。

#MeToo ムーブメントの時も、伊藤詩織さんが勝訴した時も、限られた人間関係のなかでしかこの感動を分かち合うことはできなかった。しかし、二〇二一年に当時東京オリンピック大会組織委員会の会長だった森喜朗元首相が、女性蔑視の発言をした際には、日本社会でも怒りが爆発したかのようだった。これは、伊藤さんのような人びとが積み重ねてきた活動があったからこそ起きた現象だった。ようやく、こうした辟易とするようなミソジニー発言が黙認されなくなり、むしろ周囲がこうした発言を公に批判しないことのほうが問題視されるようになってきた。私も「わきまえない」と決意した瞬間だった。

「わきまえない」ことを決意した私の三〇代は、以前よりずっと自由だ。解放されるほどに、過去の自分がどれだけ抑圧されていたかが理解でき、「私の一〇代、二〇代、返せ！」と悔しい気持ちが沸いてくることもある。しかし、環境も大きく変わってきた。今では、職場で「子どもはいつ？」とか聞いてくる人はほとんどいない。ニュース番組のメインキャスターや司会者に女性が登場することも、まったく珍しくなくなった。家事が女性の役割であることを前提にしたテレビＣＭもかなり減った。選択的夫婦別姓制度への理解や支持も広がっている。では、もはや令和のミソジニーは存在しないのか？　それは、私も含め、一人ひとりが考えるべき問いなのではないだろうか。

（小林　悠）

第5章

家族だからケアするのは当たりまえ!?

INTRODUCTION

その額が一〇万円だったとしても、家族はだいたい遺産相続で揉める、と聞いたことがある。私の親族関係でもそれは起き、父方の長男夫婦である叔父・叔母と絶縁状態となった。当時は何が起きていたのか知らず、「叔父さん、叔母さんにも思うところがあったんじゃないの？」と親に軽い気持ちで話したら、「あっちの肩をもつのか！」と怒られてしまい、「こりゃもうダメだ」と思ったことを強烈に覚えている。

大人になってから、いろいろ探ってみた。遺産相続は遺書がない場合、法定相続がなされるわけだが、それに叔父が異議をとなえたことから騒動が始まった。しかし内実は、いわゆる嫁としてやってきた叔母が、そうするよう叔父に迫ったらしい。親戚縁者は、叔父を唆し遺産を分捕った悪女だと叔母の陰口をたたくが、はたしてそうだったのか。

叔母は、自分の子どもを育てたあと、自分の店を開いた矢先に、祖父母の介護が始まった。せっかく開いた店を閉め、祖父母と同居しながら、一〇数年にわたって一身に介護を引き受けた。ケアは、シャドウでアンペイドな労働だという。その労苦は誰にも見えず、無償であり、感謝もされず、労われることもない。家族だから、長男の嫁だから、ケアを担うのは当たり前という言葉のもと、「自分がやらなければ」と、「なんで自分だけが」の間で葛藤していたことだろう。自分の人生を祖父母のケアに費やさざるをえなかった、その埋め合わせのために異議申立てをしたのではないかと今では思う。

このようにケアは、その担い手に複雑な感情を抱かせるに違いない。ケアをしてあげたいという願い、ケアをせねばならないという規範、なんで自分だけがという戸惑い、今は自分を優先させたいという思いと、相手をなおざりにしてしまったことへの後悔、そしてひょんなときに感じる自由。

この章では、それぞれが経験した子どものケア、親のケアを通じて、ケアが孕む問題や葛藤が何であるのか、そしてそれが何によるものなのかを考えてみよう。

1　特別なケアを必要とする家族関係

藤谷　秀

家族がケアを担う必要があるのか

現代日本の家族関係の中核には、本質的とまでは言えないとしても、ほとんどの場合、ケア関係がある。本書の「家族実験」では多様な家族関係が描かれているが、ケアし合う関係という点は共通しているように思う。たとえば、結婚を避けシングルマザーとして子どもを育てた女性は、「個としての輪郭が失われていくことへの不安を感じる自分と、圧倒的に弱く助けを必要とする存在を前に『なんとかしなければ』という気持ちにさせられる自分との間で」揺らぎながら、子どものケアに腐心していた。いわゆる「事実婚」のパートナーとの間でうっかり子どもがやってきた女性も、「収入を得て、毎日の生活を成り立たせ、幼老病をケアし、教育を受けさせ、感情的な結びつきを持ち続け、社会や親族知人友人との関係を維持し、そして個人の自己実現を図る」という「無理ゲー」に参加せざるをえない。パートナーとの関係もケアし合う関係である。法律婚であれば、ケアが法制度上、義務づけられてさえいる――「夫婦は同居し、互いに協力し扶助しなければならない」（民法七五二条）。法律婚でなくても、事実婚であれ別居婚であれ、パートナー関係を築くということはケアし合う関係を築くことを意味しているだろうし、それが失われればパートナー関係自体が破綻するだろう。

ここで、近年流通するようになった「ケア」という語を当たり前のように使ったが、多くのカタカナ語（外国語をカタカナで表記した語）がそうであるように、「ケア」の意味は多義的である。厳密な概念的考察をすることはできないが、（お肌や髪の毛のケアといった用法は除外して）人に対する「ケア」とは一般に、相手を気遣い、配慮し、相手のニーズに応えるということである。この意味でなら、家族関係に限らず、どのような人間関係もケアを伴っていると言える。私たちはたいてい友人や恋人のことを気遣い、そのニーズに応えようとするし、職場の人間関係でさえ心遣いが求められる。他方で「ケア」には、障がいをもつ子どもや親などの介護・看護、さらに専門職化された介護・看護という意味もある。もとより介護も看護も、相手を気遣い、配慮し、相手のニーズに応える行為であることに変わりはないのだが、ニーズに応えようとすると、介護・看護といった特別な労力が必要になる。相手のニーズを理解するために根気よく話を聞くこと、食事・排せつ・入浴・移動などの日常生活行動を介助すること、日々の健康状態を把握し必要に応じて医療機関を利用すること、快適に生活できるように環境を整備すること、使えそうな支援制度を手配すること等々。このようなケアを、とりあえず「特別なケア」と呼んでおこう。問題は、この特別なケアを誰が担うのかということである。そして冒頭で触れたように、少なくとも現代の日本では、特別なケアを中心的に担うのは家族だとされる。なぜなら「家族だから」。

しかし、この「家族だから」は理由づけになっていない。特別なケアを担うのが家族である必然性はない。特別なケアを提供できる人であれば、誰でもよいはずである。実際、介護施設や福祉施設の支援者などもケアしてくれるだろう。にもかかわらず、特別なケアの中心に置かれているのは家族である。なぜ、これほどまで「家族だから」が力をもっているのか。先に述べたように、家族関係の中核がケア関係とされ、特別なケアもその延長線上にあるものとされているからだと思う。しかも家族のケアは、家族それぞれの生涯にわたることが期待されている（期待しているのは誰か？）。キリスト教徒ならずとも、「病める時も健やかなる時も、悲しみの時も喜びの時も、貧しい時も富める時も、これを愛し、これを助け、これを慰め、これを敬い、その命のある限り心を尽くすこと」が家族に期待されているのだろう。しかし、期待どおりにならないのが人生の現実である。この点で、夫婦関係と親子関係では違いがありそうだ。長年連れ添った夫婦も含め、離婚は珍しいことではなくなった。生涯ケアし合うことを誓って結婚しても、その関係は生涯続くことなく終わりを迎えることがある――離婚したうえでケアし合う関係を続ける場合もあるかもしれないが。これに対して、親子関係を解消することは、依然としてハードルが高い。それこそ死が二人を分かつまで（あるいはその死後も）、私はあなたの子（親）であり、あなたは私の親（子）である。このことが自明のこととなっているかぎり、特別なケアもまた生涯にわたって家族が引き受けることになるだろう。しかしそうなると、深刻な問題をはらむことになる。

終わりが見通せないケア

特別な労力を要するケアの場合、ケアする側とされる側が非対称的で、対等性が見失われてしまう。相手を気遣うという意味でのケアであれば、相手も自分のことを気遣ってくれることが期待されている――期待どおりにならないこともしばしばだが。しかし、介護や看護を必要とする特別なケアでは、お互いにケアし合うという対称的で対等な関係が期待できない。対等性が感じられない関係は、ケアする側にとっても、ケアされる側にとっても苦痛である。「私がこれだけあなたのケアをしているのだから、あなたも私のことをケアしてほしい」とか、「あなたがこれだけ私のケアをしているのだから、私もあなたのことをケアしたい」というわけにはいかない。私がケアする側になれば、その負担感に押しつぶされそうになり、ケアされる側になれば、相手に負担をかけていることに苦痛を感じることがあるかもしれない。しかもこの特別なケアは、限られた期間のケアではなく、終わりが見通せないことが多い。たとえば子育ても特別な労力を必要とするケアだが、いつまでも続くわけではないだろう。毎日やっていた乳幼児の排せつの始末も、子どもが自分でトイレに行けるようになれば終わる。抱っこしたり、おんぶすることも、子どもが自分で歩けるようになれば終わる。食事や体調などに気遣って健康を管理することも、子どもが長じて自分で管理するようになれば終わる。しかし、障がいをもつ子どものケアや認知症になった親のケアは、いつか終わるというわけにはいかない――どちらかの死という終わりはあるにしても。自閉症の長男を養育しながら、地域で「親の会」を立ち上げた方が詠んだ印象的な歌がある。

パニックの　止まらぬ子を刺し　いっそ吾も　体のなかを　通り魔よぎる
どこまでも　先の見えざる　道伸びる　行き行きてなお　親業終えず

こうした困難を乗り越えるためには、「家族だから」という呪縛を解く、これが言いすぎであるなら緩める必要があると思う。生涯にわたる特別なケアは、第一次的に家族が担うべきなのではなく、社会が担うべきではないのか。たしかに障がい者支援や介護支援などが制度化されてきたし、それにもとづくさまざまな支援実践も行われてはいるが、どんな人にもその人なりに生きる権利を保障する社会にはなっていない。そのような社会において、家族がケアしなければ、社会から見捨てられる人も出てくるだろう。

ケアと生産／再生産

問題は、社会が生産（労働）を土台に編成されていることである。そしてもし、ケア（ケアワーク）を再生産（労働）ととらえるなら、それも問題だと思う。第一に再生産は、生命・人類・社会システムに対して、あるいは個人の労働力に対して言えるのだろうが（「何か」の再生産）、ケアが関わっているのは「あなた（私）」である（「誰か」のケア）。なるほど、育児を通して私（あなた）は生命や社会の再生産に関わり、家事労働を通して私（あなた）は労働力の再生産に関わっているのかもしれないが、私（あなた）がケアしているのは、生命や労働力に還元されない「あなた（私）」である。第二に、再生産は生産という枠組みにおいて意味をもつのだが（生産／再生産という社会把握は近代の社会理解に特徴的だと思う）、とりわけ特別なケアは生産／再生産という枠組みからはみ出す営みである。たとえば高齢者や障がい者のケア（リハビリや「自立」支援ではない）、ましてターミナルケアは何を再生産しているのだろうか。生産（production）／再生産（reproduction）は未来を志向した概念であるのに対して（pro-）、特別なケアは、必ずというわけではないにしても多くの場合、現在に留まり、あるいは過去に向かう。そして、生産／再生産からはみ出すようなケア、未来に向かって何かを産み出すわけでもないケアは、生産(労働)を土台に編成された社会では価値をもたないことになってしまう。「家族という私的な空間に放り込まれて」いる家事・育児を、再生産機能として社会的に位置づけ直す必要はあるだろう。同時に、再生産に寄与しているわけでもない特別なケアを家族が担っている現状を問う必要があるのではないか。

それでも家族に残されるもの？

だが、このように特別なケアの社会化を見据えたとしても、「家族とは」という問題は残されているように思う。「家族だから」は単純に社会から押しつけられた規範とは言いがたい。先に「家族のケアは、家族それぞれの生涯にわたることが期待されている(期待しているのは誰か？)」と述べたが、それが社会的に期待されていることは間違いないとしても、そして家族自身がそうした期待を内面化しているとしても、「家族だから」の意味はそれに尽きるのだろうか。あるいは、たとえ多くの人の力を借りるとしても、家族は特別だという感覚や家族の特別扱いがなくなるだろうか。保育所から家に帰ってきた子どもは、他ならぬ「わが子」であり、その世話をする私は保育者ではなく「親」なのだろう。障がい者通所施設から帰ってきた四〇歳近くの女性は、他ならぬ「私の娘」であり、その世話をする私は支援者ではなく「親」なのだろう。特別養護老人ホームに入所している九〇歳近くの男性は他ならぬ「私の父親」であり、彼の好きな食べ物をもって面会に行く私はヘルパーではなく「息子」なのだろう。このような、家族が他ならぬ特別な存在であることは残り続けるのか、それともやがて消滅するのだろうか。今の私には、まだ答えが出ない。障がいをもつ娘を、親だからといってなぜ私がケアしなければならないのかという思いがある一方、他ならぬわが娘をケアしたいという思いがある。私がケアしなければ、娘は社会から見捨てられてしまうという不安を抱えながら、そんな葛藤が続いている。それでも、行動障がいに苦しんでいる娘が少しでも生きづらさを感じないで生活できるには、どうしたらいいのかを考えたいと思う。今のところ幸い、彼女の生活を支えてくれる人たちがいる（生活介護・行動援護・重度訪問介護施設の職員や利用者、精神科病院のスタッフ、病院の患者として出会った友だち、かつて関わりがあり今も彼女のことを気にかけてくれる人、等々）。私も、「家族だから」という呪縛からではなく、彼女の生活を支える一人でありたいと思っている。

2 ケアの持つ豊かさと可能性を見つめて

石塚芳幸

藤谷さんは「少なくとも現代の日本では、特別なケアを中心的に担うのは家族だとされる。なぜなら『家族だから』。しかし、この『家族だから』は理由づけになっていない」と語っている。

「家族だから」という理由がリアリティを感じさせるとすれば、それは「個人の努力と互いの競争によって経済が成り立つ」という資本主義社会の論理を無条件で受け入れた時だろう。「個人≠家計」であって、先の論理は「『賃労働に参加できない人間を含めた家族』の努力と互いの競争によって経済が成り立つ」[1]と言い換えられるからだ。

だが、努力と競争に備えようとしても、人生は必ずしも計画どおりにいくわけではない。パートナーシップの相手を選ぶことはできるが、どのような子どもが生まれてくるかということについては、現時点では選ぶことができない。たとえば、出生前診断として普及しつつあるＮＩＰＴ（新型出生前診断）は、ダウン症候群をはじめとする染色体疾患をかなり高い精度で判定することができる。だが、生まれてくる子どもに三〜五％の割合で見られる先天性の疾患のなかで、ＮＩＰＴが対象とする染色体疾患は一七％程度である[2]。

自分が経済的な競争のなかにいるということを意識した時、選ぶことのできないことを選びたい、という思いが生まれうる。その時、経済競争と子育てとの間に深刻な断絶が現れる。先行きの不透明な現在の社会のなかで「選ぶことができない」子どもを持つことは、

（1） 個人の財産権を基盤とする近代社会において、家族は経済単位としてそれぞれ別でありながらも、一つと（生活上の実感としてしばしば）見なされる。それは、家族を「わけのわからないもの」にする理由の一つではないか。

（2） 厚生科学審議会科学技術部会「ＮＩＰＴ等の出生前検査に関する専門委員会報告書」二〇二一年

それ自体がリスクとして感じられてもおかしくない。そして、そのようなリスクの意識は、子どもに対する関わり方にも影響を与えるだろう。

私自身、かつてそのようなことを思い、そして生まれてきた子どもによって、自分の考え方を変える機会を与えられてきた。ここでは、私が実際に子育てに携わって体験したこと、そしてそれを受けて考えてきたことを書いてみたいと思う。

長女の出生

二〇一六年。私が四二歳の時、長男の出生から二年おいて長女が生まれてきた。

長女の妊娠がわかった時には、長男と同じ産院で経過を見てもらい、何か月か目に長女は逆子だと診断された。特に問題を指摘されずに生まれてきた長男の時と比べて、私もパートナーも、心が落ち着かない状況が数か月にわたって続いた。それに続く何回目かの検診でエコーの画像を見せられ、「逆子は治りました」と医師に告げられた。パートナーと二人で喜んだが、診療室のなかの空気は重苦しいままだった。医師と看護師は、どうにも感情が見えてこない、不思議な表情をしていた。

やがて、予定の出産日より三週間ほど前倒しで、明け方に長女が生まれてきた。出産時に羊水を飲んでしまい、呼吸がうまくできないということで、看護師が足早に生まれた子を連れ去っていった。長男の時と違って出産が終わっても、どうにも自分の感情の置きどころがないような居心地の悪さを感じた。そのなかで、「何事もなく済むだろうか」「どういう状況なのだろう」「もし障がいが残ったら、どうなるのだろうか」といったような思いが、浮かんでは消えていった。もし何かがあったとしても、きっと医療的な処置を受けて回復するに違いない。そして、さらに多忙になる育児が今後数年は続くだろう。そう思いながら昼頃に再び産院を訪ねると、パートナーは長男の出産時に利用していた三階でなく、二階の個室を割り当てられていた。その階には、その部屋の他に、妊産褥婦が入っている部屋はなかった。

しばらくして彼女は、「ダウンちゃんかも」と押しつぶされそうな声で言った。彼女がそう思った理由だという外見上の特徴について聞き、ウェブ上でダウン症候群に関する文章を見た後で、私は一人で保育器に入っていた長女を見に行った。けれど、ダウン症候群に関心を寄せず生きてきた私には、彼女がそうであるかどうか、よくわからない。何らかの確証が欲しくて、傍にいた看護師に声をかけた。

「母親が、この子がダウン症じゃないかと心配しているのですけど、どうでしょう?」

「うーん、どうでしょうかね」

「母親は、障がい者のショートステイ施設で働いているんですが」

「ああ、そうなんですね。そうかもしれませんね」

その二日後、近くの病院のNICU(新生児集中治療室)へ救急車で搬送された。数週間後、長女は21トリソミー、一般でいうダウン症候群という確定診断が出たが、その時にはもう驚かなかった。

「より低い確率」の前にある選択

私たちの長男が生まれてくる時、私とパートナーは出生前診断を受けることを選んだ。そして、もし子どもに障がいがあるとわかったら、その時は中絶を選ぼうと二人で相談して決めていた。

長男が出生した二〇一四年は、新型出生前診断（ＮＩＰＴ）が普及し始めた頃だった。ＮＩＰＴが他の出生前診断と比較して大きく異なるのは、母体に加わる負担が少ない（血漿を採取するだけ）にもかかわらず、ダウン症候群など特定の染色体疾患に由来する障がいの判定を九九％以上の高感度で判定できるという点だ。（ただし妊婦の年齢が若いほど、陽性でないのに陽性の判定が出る「疑陽性」の確率が高くなる。）感度がほぼ一〇〇％の診断法は「確定診断」と呼ぶが、そのような診断法の一つに「羊水検査」がある。これは、妊婦の腹部に針を刺して羊水を採取し、そのなかの染色体を検査するというものだ。

私たちは長男の出生に先立って、羊水検査を受けることを選んだ。ところが検査を受ける過程で、この検査は胎児にもそれなりのリスクがあることを知った。この検査によって流産が起こる可能性は〇・三％とされている。染色体異常による疾患で一番多いものは21トリソミー（いわゆるダウン症候群）だが、長男が生まれた時の母親の年齢からすると、ダウン症候群を持って生まれてくる確率は二三六分の一（次子の時は一三五分の一）ぐらいだった。検査を受ける前もその後も、二三六分の一を回避するために三三三分の一のリスクを負う必要がはたしてあったのだろうか、という疑問が、ずっと頭を去らなかった。その疑問は長男を実際に育てていくなかで、ますます重いものとして感じるようになった。そして次子が生まれてくるという時、私は出生前診断を受けるかどうかを結局決めることができなかった。そのような経過からすれば、もしＮＩＰＴや羊水検査を受けて、障がいに関わる診断が出ていたら、おそらく中絶を選んでいただろう。

一三五枚あるカードのうち、ダウン症候群というカードが一枚。その一枚を引き当てたと感じた時の衝撃は、今でもまだ思い出すことができる。

「障がいを持つ人間」――言葉の前半から後半への重心移動

生まれてきた長女は自力で十分な呼吸を行うことができず、産院からNICUに運ばれることになった。病院には、自分や自分の周りの人間が健康である時には目に触れない場所がある。私にとってそれまでただ名前だけの存在だったNICUは、まるで外国のように感じる場所だった。

私は二〇代の時、数日分の着替えだけ持って、物価の安い途上国を旅する「バックパッカー」にはまっていた。日本におけるバックパッカーの元祖の一人と言える小田実には『なんでもみてやろう』という著作があるが、私も近代的合理主義の社会では見られないものを見てみたい、新しい経験をしてみたい、という思いで途上国をうろついていた。長女がダウン症候群という状態で生まれ、家に帰ってきた時に、頭をよぎったことがある。それは、「このこともお前にとって『新しい経験』じゃないか。日本の『普通』を嫌ってあちこち出かけていたのに、今頃になって落ち込むというのはどういうことなんだ」という考えだった。だが、それは一瞬だけ響いた野次のようなもので、私とパートナーはどちらも鉛を飲み込んだような表情で毎週NICUを訪れ、入り口で肘まで手を洗い、長女の様子を窺《うかが》ったり、冷凍した母乳を届けに行ったりしていた。そしてそのたびに、保育器に入っている何人もの乳児、そして成長した数人の子どもを横目で見ていた。

乳児の傍にいる親は、私たちと同じような表情をしている人たちが多かった（看護師の話では、子を迎えにこない親もいるということだった）。そのなかで、おそらく一〇代を超えていると思われる子どもが二人いた。そのうちの一人の母親は、長女に会いに行くとよく姿を見た。彼女はたいてい本人や看護師に話しかけていて、その間ずっと穏やかで柔らかい表情をしていた。そのことが、その時の私にはとても不思議に思えた。ある時には、乳児の痰を吸引する器具を自宅でどう使うかということの説明を受けている父母が、私の隣に居合わせていた。二人とも、傍目にもわかるぐらいに困惑した様子だった。二か月ほどたって長女は退院することになったが、その時の私もきっと同じような顔をしていたと思う。

長女が入院している間ずっと、「ダウン症候群」と検索したり、本を買い漁ったりしていた。ダウン症候群とは体細胞の二一番染色体が二本でなく三本あることで現れるさまざまな状態をさす。種々の障がいが現れることが多い。一般的に筋緊張が弱くて体が非常に柔らかく、新生児の時は泣いたり動いたりといった反応に乏しいとされる。たしかに長女はほとんど夜泣きをすることがなく、昼も夜もずっと寝ていた。表情も乏しく、抱き上げてみると猫のような独特のふにゃっとした感覚があった。成長は平均よりゆっくりしていて、知的障がいを持つことが多い。また心疾患に代表される合併症を伴う確率が高く、他にも聴覚や視力などさまざまな分野に障がいが現れる可能性がある。ふんふん、なるほど。というわけで、最初は産婦人科、続いて小児科、耳鼻科、療育と、病院通いのオンパレードだった。病院を訪れるたびに医師の表情が気になり、待合室では気がつくと、他の子どもの障がいと長女の障がいとを見比べていた。

何をめざして子どもを育てているのか

もう一度、藤谷さんの文章に戻ってみたい。そのなかに、「たとえば高齢者や障がい者のケア（リハビリや『自立』支援ではない）、ましてターミナルケアは何を再生産しているのだろうか。生産（production）／再生産（reproduction）は未来を志向した概念であるのに対して（pro-）、特別なケアは、必ずというわけではないにしても多くの場合、現在に留まり、あるいは過去に向かう。そして、生産／再生産からはみ出すようなケア、未来に向かって何かを産み出すわけでもないケアは、生産（労働）を土台に編成された社会では価値をもたないことになってしまう」という文章がある。

近年は「少子化」や「生産年齢人口」という言葉で表現されるように、一定の労働力を維持するために育児への支援が必要だ、という主張を目にすることが多い。自分の子どもは将来の労働力として重要だ、と思いながら育児をしている者はあまりいないだろうが、子どもが経済的な意味で自立してほしい、ということを意識する親は大多数ではないだろうか。親も賃労働者であるかぎり、いつまでも子を扶養し続けることはできないのだから、それはある意味で当然のことだ。

私は長男だけを育てていた時には、経済的に自立してほしいと思っているのか、社会的に「成功」する人間になってほしいのか、それとも「ただ育てている」のか、特に深く意識することもなく、それらが混じりあった思いで、なんとなく育児をしていた。長女が生まれてくることがなければ、長男は成長して家を出ていき、そのまま子育ては終わっただろう。しかし、長女がダウン症候群という特徴を持って生まれ、知的な障がいを持って生きていく可能性が高いことがわかると、何をめざして子育てをしているのか、ということをあらためて意識せずにはいられなくなった。

長女の育児は、「経済的な自立」や「社会的な成功」をめざすものではないのかもしれない（ダウン症候群であっても、経済的に自立したり、際立った活動を評価されている人もいるということは間違いないけれど）。そして、藤谷さんが語るようにこの「子育て」はそのまま「特別なケア」へと移行していくかもしれないから、時間切れによる解決を想定できない。

やがて生後半年を過ぎると、長女は長男以上によく飲み食べるようになり、一歳ぐらいでつかまり立ちをするようになった。長男が乳児の時は「ガイドブック」に沿ったような育児をしていて、「これぐらいの月齢でこれができるようになる」という基準から外れると取り返しのつかないことになるのではないかと感じたりもした。だが、発達の仕方がゆっくりで不揃いな長女の子育てでは、どの時期にどのような成長があるかは誰にもわからない。当初、そのことはしばしば寂しさや不安として感じられた。つまり長女は、「障がいを持ち、他の子とは違う、発達が不規則な子ども」として、家にやってきた。

だが、子育てが何年か続くと、成長を横並びで比べるのではなく、長女自身の縦の時間のなかで眺めるようになる。すると、予想外のタイミングで驚くようなことができるようになる、という彼女の成長のあり方が、次第に不思議で面白いものとして感じられるようになっていった。たとえば、歩行や走行がまだぎこちない時から突然、音楽に合わせてユーモラスに踊りだしたりする。単音節の発語も十分ではない時から、何度か聞いた歌を、歌詞の語尾の一音を拾って最後まで歌い切ったりする。私たちが驚いていると、それをしっかりと理解して、けらけらと笑い喜んでいる。小学生になる頃には、気を許した人にいろいろないたずらをしかけては、えっへっへ、と笑い転げていて、生きていることがずいぶん楽しいように傍からは見える。

長男はあっという間に成長して少年になっていったが、ゆっくりと発達していく長女の子育ては、段差が数センチほどの奥行きの広い階段をどこまでも登っていくかのようだ。そのようなことが何度も積み重なっていくうちに、ダウン症候群で障がいのある子どもを育てているというより、なんだかよくわからない人と共に暮らしていると思うようになった。パートナーが言うには、それは「長女のことを自分と同じ人間と思うようになったから」なのだそうだ。たしかに、長女から見れば、私も「よくわからない人」なのだろう。そして「わからない人」同士が一緒に生きていくことが、実は大事なことなのかもしれない。

不自由のなかの自由

それまでの子育てでは、子どもが「社会化されていく」、つまり親である私のコミュニケーションのとり方や価値観に子どもが近づいていくことを無意識のうちに前提にしていて、うまくいかないことがあっても、いずれは通じ合うようになる（相手が社会化されるから）と思っていた。

だが、長女の場合はそうではないかもしれない。だとすれば、もし共に生きていこうと思うなら自分のほうから相手に近づいていかなければ、いつまでたっても互いの距離を縮めることはできない。私はそれまで、語彙《ごい》や言語表現の豊かさ、適切さに高い価値があると思って生きてきた。けれど、そのような自分の意識をいったんどこかにおいて、相手の表情やしぐさ、雰囲気を読み取り、相手が発する言葉の断片から、その意味を読み取ろうとしなければならない。長女は、こちらから話しかけることについては、その内容が具体的であれば、かなり理解できるように見える。一方で、先にも触れたように発語できる範囲はかなり限られていて、七歳の時点でも、たいてい単語の最後の一、二音しか口にしない。その限られた音の内容や表情、今とっていた行動から、何を意図しているか類推する。相手の目を見ながら、こういう意味だろうかと思うことを何度か問いかけていると、時に彼女が、通じた、という様子で、とても嬉しそうな反応を示すことがある。そんなやりとりを重ねていると、最初はすぐに通じないということをネガティブに感じていた自分も、逆に何かが通じたというだけで嬉しく感じるようになる。そのようなことは他にも数多くあって、身振りや感情を中心に人と接するだけで、こんなにも面白いと思える感覚が自分のなかにあったのか、ということに気づかされたりする。

育児のような生命の維持に関わるケアは、絶対的に不自由なものだ。私の都合とあなたの都合、そのどちらが優先されるべきか、ということを話しあう余地がなく、相手に必要なことがある時には必ず、こちらが合わせなければいけない。けれど、ケアの対象である長女が笑い、こちらも心から嬉しいと思い、時に互いの意図が通じたと感じるだけで、強烈な自由を感じる。それはなぜだろうか。

障がいを持つ子どもは家族を「卒業」できるか

　ケアをすることで感じる不自由と、そのような自由とでプラスマイナスゼロになる、ということでは決してない。自分をケアの対象と合わせたいと思う時には自由と感じるが、自分をずっと相手に合わせていたいと思うことはできない。そして、「ケアをされる側」もまた、「ケアをしている側」に合わせているのだから、それは長女にとっても同じことだろう。

　たとえば、自分がこうして原稿を書いている間、長女は同じ部屋で動画を見ている。一〇歳の長男は自分と気の合う友だちのところへ出かけていくが、長女はいつになったらそうできるだろうか。長女からすれば、このような時に私に付き合って家のなかにいるより、自分と同じような世界の見え方、同じ価値観の人と共にいるほうが楽しいに決まっている。

　親子という異なる世代が偶然に結ばれた関係のなかで、こう生きたいという思いがたがわず一致するということなど、障がいのあるなしにかかわらず、そうそう起こるはずがない。ある程度自分で選ぶことのできるパートナーシップと違って、親と子は互いがどんな人間かということがわからないままに、共に生きることになる[3]。だから、親は子どもの生活を支える最終的な受け止め手にはなれても、最高の友人になれるかどうかは大いに疑わしい。

　どのような子どもであっても、家族から卒業させるつもりで育てるべきで、そのために必要なのは、子どもが自分自身に対して根本的な自信を持てるようになること、自分に関することを選べるようになること、そして気の合う人間と関係を築く力だろう。そんなこ

(3)　芥川龍之介の「河童」には、出産の際に子どもへ生まれてきたいかどうか尋ねると、親の状況を踏まえると生まれたくない、と子が拒むという話がある。出生前診断の裏返しのようでもある。

とは当たりまえだ、という人も多いかもしれないが、それが障がいのある子どもにとっても（障がいのある親にとっても）当然とされるような社会になるといいと思う[4]。健常であっても障がいがあっても、子どもを早い段階から解き放てる（精神的にも経済的にも）ということが社会の前提にならなければ、「子どもの人権」は本質的には認められず、そしてＤＶや過干渉を根本的に減らすこともおそらくできないのではないか。「ケアなんて重荷でしかない」という思いと「自分でケアをしたい」という思いとの間でしばしば引き裂かれてしまう、そのような状況をもたらすような社会こそが、私たちにとっての「障害」なのではないだろうか。

（4）　障がいを持つ子どもが、家族を卒業していくことを意識した時に生まれる困難や葛藤は、第6章の「かけがえのない家族というジレンマ」のなかで、藤谷さんが描いている（二三九ページ）。

3 親が老いれば、やがて介護が始まる

片山南美子

父の手記への違和感

父から初めて手記をもらったのは、一〇年くらい前ではなかったかと思うが、うろ覚えだ。父は五〇代後半までは研究者として、そしてその後七〇代初めまでは研究所で管理職をしていたので、忙しかった。すべての役職から離れた一〇年くらい前に、自分史のようなものにとりかかっていた。ある日、その一節を印刷したものが、母と私に渡された。その一節は、父が自分史を書くためには重要な部分で、タイトルは「これ（自分史）を書くために」であった。

「私が最初に倒れたとき、南美子は中学生になったばかりではなかったか。Y子（妹）はまだ幼稚園に行っていたと思う。あれから、20年以上、2人の心の中には、想像もできない傷を与えてしまった。私は、ふつうに働き続けることで気を紛らせようとしていた。病気と気づかれずに、ふつう以上に働く姿を見せることが、家族の自信になると勝手に考えていたのである。そんなはずはなかった。1日じゅう家におり、子どもたちと一緒だったことが多いM子（母）には、そんな逃げ道はなかった。それなのに、私は、自分が病人扱いされることに苛立ち、気づかれないよう薬を飲み、隠れるようにして病

院に行った。当然、みんな気が付いていたのに、病名が使われることにさえ、いちいち反抗していた。何度も倒れて隠しようがなくなって、『今日は病院に行く』とみんなに言うようになった。それでも、まだ病気の名前を使いたくないという気分が、どこかに残っている。どこまで身勝手なのだろう、自分がいやになることがある。

南美子にもY子にも結婚してほしいと思う。私の病気のことが、それを阻んでいると思うと、私がしてしまったことが悔やまれてならない。時が戻せるならば。

私は、最高の家族に恵まれたと思っている。最低なのは、私である。まだ書くべきことがあるように思うが、これ以上、何をどう書いても、言い訳になる。」

父からもらった手記は私を驚かせた。文章は率直で、表現も状況をうまく説明したものであったが、素直に受け止められる部分は少ないものだった。最も大きな違和感は「最高の家族に恵まれた」という部分であった。持病の発作のたびに家族のなかで解決するには大変なことばかりだったのに、それでも父から言わせると、私たちは「最高の家族」だったというのだ。

父の持病はてんかんで、投薬でコントロールをすることができたが、それでも時折、予測できない大きな発作があった。そのため、父の持病は家族のなかの心配事として常に存在し、いつ起こるかわからない次の発作に備えるために、互いに気を張って暮らしていた。そのうえ母は、父の持病の子どもへの遺伝と、たとえ持病が遺伝していないとしても子ども（妹と私）への差別を非常に恐れていて、持病のことがわかって以来、そのことで頭がいっぱいになっているようだった。

母は子どもたちが差別される可能性について、かなり苦しんでいたし、その苦しみを長女の私にだけ告白していたのだと思う。妹は六歳年下だったので、理解させようがなかったのだ。父の病気がわかってからの一〇年くらい、まだ一〇代だった私は、母のカウンセラーに近かったように思える。母の話をカウンセラーのように聞いていた私は「存在が肯定」されている一方で、結婚への後悔と、てんかんの夫とその子どもをもったという懺悔を聞かされる私は「存在を否定」されていた。

母同様、私も気を張って生活してはいたが、病気のことを知った幼い頃に一番心配だったのは、どちらかといえば、父が持病で働けなくなったり仕事を失ったりすることで、経済的に厳しくなり家族が暮らせなくなることだった。母が専業主婦で、家庭から社会に出て稼ぎに行くことが想像できなかったのも、理由の一つであった。

母に寄り添えないという苦しみ

父の持病がなかったとしても、母という人間を理解することは難しかった。子どもの頃を振り返って母との関係を考えると、ずっと母から感じていたのは、表現があまりに家庭的すぎるということであった。子どもへのお手製の洋服、セーター、お稽古バッグ、料理のほとんどは手作りであったし、パンやクッキーなどのおやつも家で作られることがあった。今でも記憶にあるのは妹とお揃いのお稽古バッグで、バッグの側面には私の名前が刺繍で入っていたのだが、その刺繍があまりに手が込んでいて（今、その刺繍を見ると、本当にクリエイティブで素敵だと思えるが）、同級生にからかわれるほどであった。

子どもたちに為されていたことだけを見るならば、子どもを大事にしている愛情深い家庭に見えただろう。ところが、母の家庭的に見えるこういった行為を、私は素直に好意的に受け入れることができなかった。むしろ手の込んだ刺繍を見ながら、「私は絶対にこういう生き方はできない」と強く確信していたのだ。母から表現された愛情は、私と母との生き方の違いを明確にしただけだった。

母との違いをさらに明確にしたのは、母と祖母の強い絆だった。一卵性母娘という言葉を初めて知った時、祖母と母の関係性をこんなにも的確に表現する言葉があるのだと驚いた。時として母は感情に大きな起伏があったが、父も妹も私もみな祖母頼みで、母の感情の揺れにはなるべく触れないように生活していた。六歳離れていた妹が高校生、私が社会人となって経済的に自立した頃には、二人の気がかりは、「おばあちゃんとお母さんの関係は自分たちでは絶対に築けない」というもので、「おばあちゃんには少しでも長生きしてもらおう」とこっそりと話し合っていたほどだった。

母の唯一の理解者であった祖母は、私が二八歳の時に交通事故で突然亡くなったが、以後、子どもとして母にもっと寄り添わなければいけないのでは、というプレッシャーに苦しめられた。

突然始まった親のケア

「親が長生きすれば、いずれ介護が始まる」と聞いていたが、まったくそのとおりだ。多少の予兆はあったものの、一〇年ほど前、父の介護はいきなり始まった。敗血症から奇跡的に一命をとりとめた父は、身体能力が著しく落ちていた。身内の介護に直面するまで私は、人というのは徐々に生活ができなくなっていくものだとずっと思っていたのだが、そうではない。ある日いきなり、日常生活を送るためのケアが必要になることがあるのだ。そして、そのケアを少しでもスムーズに行うために、本人の意思を尊重する形はとりつつ、今後どうしたいのか、家族単位で判断を迫られる。

当時、長年にわたって親の介護に携わり看取ってきた同僚から、たくさんの助言をもらっていた。よく言われたのは、「あなたのお父さんは、まだ若い。これからまだまだ先が長い」というものだった。もっと現実的にアドバイスをくれた人もいた。それは、「あなたのお母さんの健康が、あなた自身のこれからの生活を決めることになる」というもので、父と母という二人の存在が「私の親」ではなく「互いの生活を支えるパートナー」であることを、私に初めて認識させた言葉だった。とはいえ、独りよがりに「最高の家族」を持ったと認識する父。娘をカウンセラーのように頼る母。父の介護を前に、二人には「互いの生活を支えるパートナー」としての自覚も決意も、そのことを考える余裕も見られなかった。

結局、最後に頼りにされたのは、未婚の子である私であった。過去を思い返せばただただ腹立たしく、積極的にケアに関われるとは思えなかったが、一方で、もし両親の介護に携わらなければ私自身にはどのようなことが起こるのだろうか、という悩みも尽きなかった。自分の生育歴を思い返して、「毒親だった」「親ガチャだ」と叫び、すべてを投げだし復讐するのは今しかないだろう。けれども自分にとって最も耐えがたそうなのは、二人の生活が成り立っていかないことを知りつつ、恨み辛みを理由に見捨てる、という行為だった。関係性を断てば日々の悩みは減るだろうが、いずれ後悔を抱えて生きるだろう。そこで、私は親の介護に携わることを決めた。今振り返ると、こういった理由探しは、「家族

（娘）だからこそ、両親の介護に関わった」などと人には思われたくなかったからであった。「家族（娘）でなくても、介護に関わった」という立ち位置で両親のケアを始めるほうが、自分にとって納得できる形であった。

私の家族実験は続く

そもそも、私は仕事を通じて、多くの家族問題は自力で解決しようとするのではなく、周囲の力を借りることが重要だと理解していた。特に、私の家族のようにすでに関係性が行き詰まっている場合には、家族は身を引き、頼れるかぎりのサービスをすべて使って、人に任せるくらいの勇気が必要だ、ということも十分に理解していた。わかっているのに、言い訳めいた理由探しをしてまで、介護の一端を引き受けて、一〇年が経ってしまった。この一〇年で、両親ともにさらに老いて、身体的な衰えだけにとどまらず、認知のぶれも大きくなっている。細やかなケアがますます必要となり、その解決方法を得ようと、ケアに関するニュースばかりを読んでしまう日もある。たとえば、ケアの問題をなんとか家族内で解決しようとした末に、人を殺めてしまうといった悲劇的な結末を報道で知ると、胸が痛む。と同時に、過度に親の介護に関わって、「人に迷惑をかけたくない」「人に迷惑をかけさせたくない」と自分を追いつめてしまったら、一歩間違えば私も同じことをする日が来るのではないかと怖気づく。また、一方で、ケアに関する「献身」的で「美談」なニュースを知ることも多く、私が自分の生活を最優先にしていることに、ときおり罪悪感を持ってしまう。親が元気だった時には、ただ言い争って、時には存在を無視して過ごしていればよかったのに、日に日にケアが必要とされる今では、突き放すことも難しくなってしまった。

さらに、最近ではケアの持つ何とも言えない心地のよさに依存しつつもある。考える時間もなく、ただただ忙しく働くより、両親の生活に携わって過ごす時間のほうが、もしかすると、ずっと心穏やかに生きられるのではないかとも考えてしまうのである。こういった日々沸き起こる新しい感情を引きずりながら、いずれ後悔しないためと言い聞かせ、私の家族実験は続くのだ。かつては両親が持つ家族の理想像に抗って、「家族（娘）だから」と言わせない関係性を築くことだけを望んでいたのに、どうしてこうも介護に携わってしまったのだろうか。自分の理想の自律した生き方とはまったく真逆なのに、である。

4 子ども世代ができる最高の「親孝行」

佐藤和夫

老いるとはどういうことか

そもそも、老いとはどういう人生の段階なのか。老人が今を生きる自らの格闘をあるがままに語ってくれることは実に少ない。彼らが語るのは、ほとんどがかつての思い出話ばかりだ。いったい彼らは、いま何を考え、何に苦しみや喜びを感じているのか。外から見ると、ほとんどの老人は、何か深刻な葛藤や困難のなかで悶え苦しんでいるようには見えない。いつもニコニコと穏やかに余生を過ごす好好爺《こうこうや》という言葉が、「老人」の象徴のように思われているのではないだろうか(5)。

しかし、これはどうも勝手なラベル張りのようだ。ボーヴォワールは『老い』という本で、詳細な考察の冒頭に、「老い」が人間社会のなかで思考停止の対象として蓋をされていることを指摘している(6)。

私は、いつの間にか、その老境に入っている。ほとんど四〇年近い教員生活を終え、あっさりと退職者の仲間に入って、すでに一〇年以上になる。退職以来、実は、ひたすら老いとは何かという問題に関心を集中して、自己を省察・観察しながら生きてきた。もっぱら、老いるとはどういうことかについての「人生実験」による自己観察であった。先達の貴重な人生の教訓を聞く機会もなく、それゆえに老いがどういうことかがほとんどわから

(5) 老人の好好爺ぶりも、また、その正反対の頑固ジジイぶりも、ともにこの世界と折り合うために格闘するという、「生きる」ことを諦めるか放棄するようになった姿の表現にすぎない。

(6) ボーヴォワール『老い』上、新装版、朝吹三吉訳、人文書院、二〇一三年

ないまま、一〇年の年月を過ごしてきた結論は、予想外のものであった。その経験を語りたいと思う。

身体の衰えという意味での老いについては、しばしば語られるし、自覚もさせられる。身体のあちこちに不調が始まり、高血圧や糖尿病などで食事制限も頻繁になり、肩こりや腰痛、さらには、ひざが痛くて歩行の自由が利かなくなる、等々。こうした身体の不調こそ、老衰の象徴であろう。さらにいえば、これまではっきり読むことのできた文字も次第に見えなくなり、美しい音楽を楽しむ能力も次第に減衰して、あの心をゆさぶる世界との触れ合いを楽しむ身体感覚能力も衰えていく。（ちなみにいえば、視覚、聴覚、触覚能力などの衰えなどは明確であるのに、味覚の能力は年を重ねるごとに、蓄積されて、より深化するように思われる。不思議なことだ！）これまで楽しめた感覚の喜びが次第に減衰し、かつてよりも心に染み入るような経験が弱まっていくことは、もっとも哀しむべき老いなのかもしれない。一般に老いというのは、このような身体的な衰えと病に伴う困難について言われるのだろう。

だが、肉体の衰えは老化と同じとは言えない。人間は、ある意味で、生まれた瞬間が一番若々しく、それ以降は一歩一歩、肉体の衰えを経験していく存在だということができる。それがそう思われないのは、人間の一生に幼児期、子ども時代、青年期、成年期という成長の段階があって、人生の頂点（アクメー）の時期の後に、下り坂としての老いがあると考えられているからである。これは、スポーツ選手などの場合にはわかりやすくて、野球、サッカー、相撲など身体能力が基本となるスポーツでは、ほとんどの選手は天才的な能力の持ち主でも四〇歳前後を境にして引退していく。そうした意味での身体能力は、明確に山なりのカーブを描く。

しかし、人間は身体のみで生きる存在ではない。精神がそれをどう受け止めるか、ということが肝心なのだ。「老い」は、時に突然の襲来にも思われる身体の衰えに対して、精神がどう気づき、懊悩し、反発し、受け入れていくのかという闘いとしてのみ、一人ひとりに出現する。ボーヴォワールの言葉を用いれば、「老いは、私が生きていることにとっての一つの『彼岸』であり、私はそれについて十全な内的経験をもつことができない[7]」。だから、「老い」とは、かつて自由に活動できたこと、今まで容易に記憶や学習できたことができなくなるという現実を、社会や他人から「老い」たのだと宣告され、外側から「老い」が襲ってきてはじめて、その承認を迫られる経験である。

なによりも、身体としてのみ見れば、現代の医学の発展と生活条件の改善によって、もはや九〇歳まで生きることも珍しくない時代だ。とすれば、スポーツなどで四〇歳まで活躍した人物が引退したとして、その後の人生はおしまいどころではなくて、過去の時間と同じ、あるいはそれ以上の時間を「余生」として生きる。しかし、五〇年にも及びかねない時間が、はたして「余生」なのだろうか。

インドでは、人生を四つの段階に分けているという。学生期、家住期、林住期、遊行期というのがそれだ。学生期は学びと鍛錬の成長期で、家住期というのが仕事をしながら家族を形成して子育てなどに勤しむ時期だ。その次の林住期こそが、人間が身体のみで生きるのではない時期であって、子育ての苦労からも生活のために他者を支えることからも解放されて、自分ならではの人生を生きる時期である。その意味でいえば、「林住期」こそ人生の頂点（アクメー）かもしれないのだ。

（7）前出、ボーヴォワール『老い』下

ところが、現代の日本においては、この林住期は事実上、存在しない。それは、資本主義における富の増大のために、人間生活が全体として、その手段とされ、生活の大半がその枠内に組み込まれてしまっているからだ。どういうことかといえば、生きることは働くことと同義だとされ、働く時間以外は、労働の疲れから体力を取り戻すための休息の時間か、仕事のストレスを解消するための気晴らしの時間に位置づけられてしまうのだ。人間が身体の疲労や苦痛から解放されて、精神が生きることを慈しみ、自然や友人などと思いのままに交流を楽しむことこそが自由であるはずなのに、現代の仕事絶対優先の世界では、自由は労働の下位に貶められてしまう。仕事以外の「自由」時間は、人間らしい「活動」のための時間ではなく、せいぜい苦痛を忍んで働いた代償の気晴らしの時間にすぎない。

見捨てられることは死刑宣告である

このような時代に、「老後」といわれる人生の段階において一番深刻な問題は何か。それは、「見捨てられ、孤立させられる」ことに尽きる。今日の高齢者と呼ばれる人びとの大半は、現役時代「企業戦士」といわれ、家庭生活はもちろん、個人の生活さえも犠牲にして、「豊かな日本」社会を築くために全生活を捧げて働くことに専心した人びとと、その家族である。問題は、こうした人びとの老後である。たしかに、それによって日本社会は莫大な富を蓄積し、バブル景気破綻後も日本は世界のトップグループに属することができた。そして、この高齢者のなかには、かなりの貯蓄と退職金によって悠々自適な「余生」を送っている人もいる。

しかし、この「豊かな」高齢者たちは、何の問題もない人生を送っているのか。私は、そうは思わない。どうしてか。それは、生きるということが企業で働くことや、より多くの収入を得ることに収斂されてきたからだ。どんなに優秀な営業部長、あるいは人事部長も、退職すれば、もはや人生＝仕事に賭けるべき場所がなくなる。退職後のリッチな旅行や遊びは、長年全身を捧げてきた時間のご褒美としては、大いに結構なことだろう。だが、それとて、数年も自由に遊べば、それまでのことだ。単に人生の休息にすぎない。しばらく前の時代のように、退職して五年か一〇年で人生におさらばというのなら、それでもいいだろう。しかし、これからの人生は、退職後三〇年以上もあるかもしれない長い時間をゴルフ三昧で過ごして、本当に楽しいのだろうか(8)。

こうした団塊世代を中心とする人びとが、しばしば人生を顧みながら、「自分の人生は、結局、幸福だったよな」とか、自分は「最高の家族に恵まれた」と口々に叫ぶのを聞くのだが、問題はその言葉そのものにあるのではないか。これらの言葉は、自分が生きる「今」がもはや奪われてしまったことの残酷さを、過去を美化することで何とか忘れようとするために発せられる叫びなのだ。

そもそも、企業に自らの生活のほとんどを捧げた人間にとって、老後の最大の難関は、残りの人生を共にして満ち足りた時間を過ごすのに不可欠な友人を欠いている、ということにある。私の周りでは、企業の同僚で、退職後も気のおけない親友として、死ぬまでの間も日常生活を助け合って仲良く過ごすような人間的つながりを持ち続けるグループを、ほとんど見たことがない。それは、企業での生活が何よりも激しい競争の論理のなかで行われてきたからだけでなく、個人としての好き嫌いはもちろん我慢しなければならず、企業の利益優先のもとで、自分の意見とぶつかっても個人の感情を抑えて生きることが要求

(8) ちなみに、高度経済成長期には、まるで時代遅れの悲惨な職業のように思われてきた個人自営業主や農民の働き方こそ、その対極である。彼らは、自分が「生きたい」と思う時間まで、自分で働き、汗水たらして生きることができる。

されてきたからでもあろう。それはけっして、自分が安心して互いに気を許して交流するようなものではなかった。

だから、同僚のほとんどは形だけの年賀状を交換し、数年に一度開かれる同窓会や飲み会で会う程度の関係である。日常生活でたえず交流しあう関係としての仲間はほとんどいない。かといって、地域での付き合いはまったくする条件のなかった人が大半なので、退職後にやっと友人づくりを始めるケースがほとんどだ（しかし、多くの元サラリーマンは、会社の上意下達的な命令のもとで働いてきたので、退職後に地域のなかで平等な人間関係を新たにつくることが苦手だ）。つまり、会社人間や企業戦士として人生を過ごしたという過去は、退職後の人生に孤立という帰結を伴っているのだ。

そのうえ深刻なのは、企業社会の男たちの働き方と生き方そのものだ。企業というのは、利益を生み出すかぎりで人間たちを結びつけ、協力させる。逆にいえば、利益を生み出さないと認定された人間は、遠慮なく、辞めていただく。つまり、クビにされる。たとえ雇われ取締役になったとしても、退職引退の後、元取締役や部長だったという世間的称号が残るか、退職金などでヒラのサラリーマンたちとは多少金額が違うという以上の、何の違いもない。要するに無用な存在であり、過去の虚名が残るというだけで、せいぜい、孫や親せきの子どもに小遣いを与えて歓迎されるばかりの存在にすぎない。

人間というものは、自分がこの「世界」のどこかで意味ある存在であることを求めてやまない。人間が「生きる意味」を探り続けるのは、人間が「人びとの間で」(inter homines) 存在することによってのみ「意味」が生まれることを、無意識のうちに実感しているからである。人間に生きる「意味」があるかという問いは、問いの設定が逆立ちしている。「意味」というのは、人間が互いにつながり、支え合ったり反発したりする人間同士の営みのなかで生まれてくるのである。

だから、「定年」でこの社会から「引退」するというのは、もしそれが「賃労働」からの解放、いいかえれば、この世の中で生きていくために避けられない労苦からの解放という意味なら、それは実にめでたいことだろう。だが、その「引退」が人間社会そのものからの事実上の追放だとするなら、それは「定年」後の人間たちに事実上「無用」な存在だと宣告することであり、生きることの「意味」を剝奪することである。

「高齢者」が、社会的にはもう意味がない存在であり、せいぜい、退職金を含めて長年働いて手に入れた貯蓄の消費者としてのみ意味があるという考え方は、「老人」あるいは「高齢者」への最大の侮辱であり、死刑宣告である。これこそ、高齢者を「老い」させる最大の原因である。

老後における「夫婦関係」の危機

さらに深刻なのは、家族関係であり、夫婦関係である。戦後日本社会は、男女の性愛を基礎とした核家族の形成をもっとも望ましいものとしてきた。しかし、この恋愛と結婚、家族を不可分な一体と見なしてきた戦後の夫婦関係は、いくつかの決定的な問題を見ないことにしてきた。誰もが知っているけれど公言しにくい事実だが、恋愛感情というものは、せいぜい数年から、長くても一〇年以上続くものではない。なのに、「婚姻」という法制度によって、夫婦の暮らし方が生涯にわたって事実上、束縛される。それを守れないのは、我慢の足りないわがままな存在か、人非人というわけだ。[9]恋愛感情を夫婦関係の基本にす

（9） これが人類の宿命であるわけがない。日本でも平安期までは、妻問い婚といって、男女がお互いに好き合っている間だけ一緒に暮らすけれど、そのことと子育ての仕組みとは分離していた時代があった。現代中国でも、雲南省にはモソ族といわれる人びとが「走婚」（＝通い婚）を実行している（コラム「現代の通い婚」七八ページ参照）。

べし、というイデオロギーが本気で採用されるかぎり、欧米のいくつかの国に見られるように、何回かの離婚再婚を繰り返すのが自然、あるいは避けられないということになる。

ここには、現代の単婚制が引き起こす男女の友情的関係の破壊という重大な問題が同時に含まれている。人間という生物が生殖行為にかかわって激しい排他的対関係をもつことは、ほぼ間違いがないだろう。したがって、男性のみが性的自由を謳歌しながら、次世代を生み出す生殖能力を持つという理由で女性を一方的に婚姻関係に閉じ込め、拘束してきた前近代的な結婚制度の不合理さは言うまでもない。しかし、男性も女性もともに、閉鎖的・排他的な対関係のみを結婚の名のもとに正当化され、結果的に男女関係を狭めることが本当によいことなのであろうか。現代の単婚制は性的独占関係を基礎にしているから、結果的に、双方がパートナー以外の異性との交流、コミュニケーションを極度に困難にして束縛しているのは疑いようのない事実だ。たとえば、映画を観に行くにせよ、読書会に行くにせよ、あるいはレストランで歓談するにせよ、現代の排他的単婚制のもとでは、パートナー以外の異性と一緒に行くことは、極度に相手に対する配慮と遠慮あるいは秘密のうちに行われなければならない。それは、人間というものが嫉妬深い独占欲に満ちた動物であるがゆえに、避けられない宿命なのだろうか。なぜ、生殖が問題とはなりえない高齢者に、友情的関係が犠牲にされなければならないのか。

それでも多くの人びとは、高齢者になっても排他的独占的関係を肯定して、パートナー以外の異性との友人関係、信頼関係を諦めたり、禁欲したりする。そうでない場合は、「不倫」を覚悟して内密のうちにその関係をつくる。それがどれほど人間関係の貧困化をもたらすかは、「老境」に入れば入るほど白日の下に示される。もはや夫婦の間には、セックスの関係がほとんどない場合が大半であろうし、そもそも夫婦だけで会話する話題すらなくなっていることも多いのに、この二人は他の異性との友人関係をつくることさえも諦めるか、禁欲させられる。

女性の場合はよく、こういう人間関係の貧困化に対して、同性の友人との間で支え合う知恵と伝統があるが、企業社会のなかで人生の大半を過ごしてきた男性たちは、退職後の人間関係を妻以外に構築することがきわめて難しい。多くの場合、男たちは、妻と子どもや孫という家族以外の人間関係が持てず、結果的に、彼らに依存する構造しか見えてこない。妻との言語的コミュニケーションも消失して、外に出かける大した用もなくなった夫が、家のなかで手持ち無沙汰のままに、家にゴロッとし続けるほど迷惑な存在もない(10)。

これからの高齢者は孤独と生の無意味化に抗して、自分自身で新たな道を切り開いていかなければならないと私は思う。閉鎖的で相互束縛的な夫婦関係は、別な形へと移るべきだ。そうでなければ、しばしば話題になる「熟年離婚」が増えていくばかりだ。高齢になった今では、もう何十年もやってきた暮らし方を変えることなど無理だ、という声が聞こえてきそうだが、あえて断言する。それは甘えであり、怠惰である。

現に、今まで台所などまったく立ったことのない夫が、妻が病に倒れたり、認知症になって、はじめて自分で料理をやり、妻の世話をするようになった姿を、私は何人も見てきた。人間は「新たに始める」存在であるだけでなく、「新たに始める決意」のできる存在だ。

(10) かつて、どこへでも妻にくっつく形でしか出かけない夫たちを「濡れ落葉」と冷笑する文化さえあった。

親不孝こそが「親孝行」である

言うまでもないが、親の老化を心配する子どもの世代の多くは、毎日の仕事や次の世代との生活の忙しさで精いっぱいだ。小津安二郎監督の作品『東京物語』に出てくるように、大半の子どもたちが、たとえ親に孝行はしなければと思っていたとしても、なかなかそうした時間をつくることができない。そんななかで、必死に時間をつくって、老いていく親に「親孝行」をしようとする姿が描かれている。なんと優しいことかと思う。

そのような心ある子どもたちが、親を喜ばせてあげたい、あるいは助けてあげたいという思いで、親の期待や希望に応えて生きることが親孝行につながると考えている、という話もたびたび聞く。親の期待と希望がうっとうしいと思いつつも、それを裏切るのは「親不孝」と考えてのことだろうか。

しかし、それは問題の取り違えではないか。自分を育てあげるために奮闘してくれた親に感謝し、老後の世話をしたいと思うことは、かけがえない価値のあることだが、それは親の希望どおりの人生を歩むこととは関係がない。もし、子どもたちが親の希望の枠内で人生を選択するならば、それは人間であることの意味を破壊することにならないか。

次世代とは何のためにこの世に誕生しているのか。もし、子どもが親の希望の枠内で生きるとすれば、それは次の時代を生きる子どもの人生が親の時代のミニ縮小版でしかないということになる。次世代は「新しいことを始める」ために存在している。そもそも、親の世代は、次の新しい時代について、子どもたちよりどれほど多くを知っているのか。いったいどれほどの親が、インターネットやIT技術によるこれほどの劇的な生活の変化を理解しているというのか。経済のグローバル化や温暖化の深刻な事態について、子どもたちのほうがはるかに真剣に考えながら生きているのではないか。

なるほど、社会が恒常的定常状態にあって変わらない時代だったり、あるいは高度経済成長期のように社会の向かう方向性が大枠で決まっている時代なら、親の世代の暮らし方に子どもや孫が従うことも一つの選択かもしれない。しかし、どう考えても現代は大変革の時代だ。そんな時代には、むしろ親のほうが、子どもから新たな時代の方向について学ぶべきではないのか。その意味で、親の期待に添わないで子どもが自分の道を自分で選ぶこと、あるいは親の期待を裏切ることこそが、最大の親孝行といえるのではないか。「親不孝」のほうが「親孝行」なのだ。

だから、子どもたちは、親に対する「孝行」とケアの問題を厳密に分けるべきだ。たしかに、身体の衰え、病気などで困る親たちに、公的な介護だけでなく、娘や息子たちが可能なかぎり時間をとってあげることは、最大限の「親孝行」である。しかし少なくとも、子どもは親の孤独のために自分の人生の基本方向を犠牲にする必要はない。

「老い」の根本問題は、親たちの世代が次第に消え去っていく自らの社会的存在意義の消失や孤独と闘っていけるかどうかである。それは親たち自身が工夫して解決するしかない。それには高齢者が、いつまでも、本人が望むかぎり、地域や次世代のために役立ちうる活動ができるような場をつくるべきであろう。それと同時に必要なのは、高齢者が自分たちで、これまでの企業社会の働き方とそれに伴う家族形態の抱えてきた貧困さを乗り越える、新しい生き方を創っていくことだ。それは多くの場合、これまでの企業社会での働き方、活動の仕方とは異なるものとしての「活動」だろう。六五歳以上の高齢者が社会の三分の一にもなりかねない現代、高齢者は、単にケアされ介護される受動的な存在としてではなく、新たな高齢期の創造者になるべきだ。時には、三〇年以上も続く退職後の人生が、新たな「林住期」ならぬ「自由創造期」という魅力的な人生の一段階になるような新しい試みを、「老人」たちは始めていかなければならない。子どもに世話してもらわなければ生きていけない「老人」ではなく、地域の再生のために活動し、手作りの有機栽培による野菜づくりや得意料理の開拓などによって、地域や親族、友人の役に立ち、感謝されるような存在としての「高齢者」——。めざすは、そうした新しい生き方の創造である。それはケアの課題というよりは、高齢者の「自立」の問題である。

高齢者は、自分の精神的・文化的困難の克服という課題を子どもや次世代に「依存」すべきではない。自らが新たな高齢者の文化の創造によって生きる闘いを始めるしかない。それができないというのなら、それは精神的・文化的にすでに死者なのである。そもそもケアというのは、高齢者であろうと子どもであろうと、障がいを持った人に対してであろうと、その本人が可能なかぎり自分の力で生きていこうとするのをサポートする、という営みではないだろうか。その意味で、子どもは、とかく体力や気力が萎えがちな親に対して、できるだけ励ましたり、孤立を避けるべくいつも連絡をとってあげることが重要かもしれない。しかし老いた親といえども、自分の人生を自ら歩むしかない。

子どもにとって、親というのはいつまでも、その存在が気になるものかもしれない。と同時に、子どもは次の世界を創る主体である以上、親に拘束される必要はない。子どもが親の枠のなかで生きるのは、けっして親に対する思いやりでもケアでもないだろう。高齢者の親が子どもに依存しないで生きることができるような社会と文化を高齢者とともに創ることが、いわば最高の「親孝行」ではあるまいか。

COLUMN

障がいの社会モデル

「障がい者」と「健常者」が、この社会にはいる。私は健常者だけど、障がい者はかわいそうだから、エレベーターや点字ブロックなど障がい者にとって便利なものが普及するといい。昔の私は、そう思っていた。

そんな私が障がいを持つ可能性が高い子どもと暮らすことになって、頭のなかが揺さぶられたように感じたのは、表題の「障がいの社会モデル」という考え方だ。それは、「この社会は『健常者』とされる多数派に合わせて作られていて、そのなかで不利となる属性を持っている人びとの属性が『障がい』と見なされている」という考え方で、障がいとは個人ではなく、社会のあり方によって生じる、というものだ。

たとえば、「チーム誰とも」という団体が企画した「バリアフルレストラン」は、天井や机の高さが車いすの人に合わせて作られていて、二足歩行で歩く人間のほうが困難を感じるようにできている。そのような『健常者』中心の社会における一方的なルールの強制」という視点は、広範性発達障がいや精神障がい、知的障がいにも当てはめることができる。

自閉スペクトラム症の当事者が、「自分たちが世界に対して持つさまざまな視点は『健常者』の視点と対等なものであるはずだ」と気づいたことから始まる、「ニューロダイバーシティ」という概念がある。自閉スペクトラム症の人たちが、「コミュニケーションとは相互作用なのに、なぜ私たちだけがコミュニケーションに問題があると言われるのか」と語る時、それは今まで「障がい」と一つにまとめられてきたさまざまな特性の数だけ、多様な世界が「健常」の世界に並行して存在するということを、改めて確認することになった。

村中直人は「レンガモデルの社会」から「石垣モデルの社会」へという言葉によって、今まで定形のレンガのような人格を要求されてきた社会に代えて、障がいとされてきたあり方を含む多様な人間のあり方が認められるような社会を築くべきだと主張している。一九世紀の欧米社会では、身分制に対する批判が社会を変えた。一九世紀から二〇世紀には経済的な不平等に対する批判が広まり、さまざまな形でその是正が進められてきた。二〇世紀の中盤以降には、「白人中心の社会」「男性中心の社会」を批判する運動が世界を変え、その動きは現在進行形で続いている。そして、産業革命以来の定形的な労働者像が崩れようとしている現在、障がいという不平等への挑戦が本格化することになるかもしれない。

だが、障がいという不平等への挑戦には、それまでの革新的運動と異なる点がある。それまでの運動は資本主義との親和性、あるいは折り合いを通じて実現されてきた。だが、「非白人」や「非男性」という概念と違って、障がいとは、まさに「資本主義社会における不利」ということがその枠組みに大きな影響を与えている概念だ。さらに言えば、社会の仕組みと認識とが、複雑な言葉と数の構造を通じて織りなされ、それが権威として求心力をもたらしている現在の社会のなかで、その言葉や数の操作において困難を持っている知的障がいや精神障がいの人びとは、どのようにして包摂されるのかという課題がある。その意味で、資本主義と「石垣モデルの社会」という二つの概念の間には、核心に根ざした鋭い緊張が存在する。

「石垣モデルの社会」という言葉には、社会はすべての石を組んで作られるものという理念が含まれているだろう。それに反して、資本主義の枠組みから見れば、使える石だけを組んで利潤最大化の天守閣を作り、その下にはエッセンシャルワークの石垣を置く、そして、その他の使えないと判断された石は余所へ打ち捨てられる、といった可能性が容易に想像できる。そして打ち捨てられた石は、よくてベーシックインカムによる最低限の給付を投げ与えられ、その枠内で消費することだけを求められる、ということにもなりかねない。そしてその時には、エッセンシャルワーカーと「打ち捨てられた石」との間に、激しい対立が生まれるだろう。私たちはそのような状況を避けて、二一世紀の残りの歴史をどのように築いていけるだろうか。

（石塚芳幸）

第6章

家族はかけがえのない関係なのか

INTRODUCTION

『そして、父になる』は、出生後に取り違えられた子どもたちとその家族を描いた映画だ。主人公の父親は、いわゆる勝ち組のエリートサラリーマンで、子育てのほとんどを専業主婦である妻にまかせ、家族との時間よりも仕事を優先にする毎日を送る。しかし、子どもが六歳になるころ、その子が別の夫婦の子どもであることが判明した。どうも要領が悪く、運動神経も鈍いその子に苛立ちを感じていた最中に突きつけられた事実に、この父親は「やっぱりそうか」とつぶやく。出来の悪いこの子は、自分の血、才覚や才能を受け継いだ「かけがえのない我が子」ではなかった。であるならば、「かけかえられた」ボタンを元に戻すべきだと、相手方夫婦と実の子どもに面会交渉をしていく。しかし、それに固執したのはこの父親だけ。「血のつながっていない子」を「愛せるのか」と問いかけると、相手方の母親が、そんなものにこだわるのは「子どもとつながっている実感を得られない男だけだ」と喝破するシーンは、とても印象的だ。

この映画が問いかけるのは、かけがえのない、取り換え不可能な存在とは何によるものなのか、という点だろう。科学的根拠に裏づけられた血のつながった子ども、というのも唯一無二な存在かもしれない。しかし、たとえそうでなかったとしても、過ごした月日、共通の経験や思い出といった、実感のあるつながりというのも、唯一無二である。この後者のかけがえのなさに気づいた主人公が、ようやく「父になる」ことで、映画は終わる。

子どもはもちろん、大人だって、自分のかけがえのなさを受け入れてくれる誰かがいてはじめて、生きていけるのだと思う。問題は、それが家族だからという理由で自動的にそうなるわけではない、ということだ。相手を、そして互いをかけがえのない存在としてともに生きるとは、どういうことなのだろうか。家族とかけがえのなさについて、考えてみよう。

1　かけがえのない家族というジレンマ

藤谷　秀

現代では、社会が用意した「理想の家族」像の破綻が明白になっていると思う。たしかに、このような家族像を存続・復活させようとする強力な力が依然として働いている――たとえば、夫婦別姓の選択という控えめな要求でさえままならない現実があり（「家族の一体感」!?）、日本国憲法の「個人として尊重される」（第一三条）を書き換えようとする動きさえある。しかし、「理想の家族」像を見直し、家族の新たなあり方を模索する動きを押しとどめることはできないだろう。

こうした状況が現代の私たちに、あらためて家族とは何かという問題をつきつけている。このなかで、家族をもたないというのも一つの選択肢だろう。家族をもつということは、ある意味とても面倒な関係を引き受けることである。ならば、家族をもたないほうが、あるいは一度家族となった者も家族関係を解消したほうが、お互いを他者として尊重し合える信頼関係が築かれるのではないか。たしかに魅力的な選択肢の一つである。ただ、誰もが家族をもたなくなり、家族関係自体が消滅するとも思えない。では、家族をつくりたいと思う者は、何を求めているのだろう――これは家族をもった私自身の、遅ればせながらの自問自答でもある。異性愛であれ同性愛であれ、法律婚であれ事実婚であれ、なぜ婚姻関係という家族関係をつくろうとするのか。血縁であれ養子であれ、なぜ親子関係をつくろうとするのか。家族、家族関係に何を求めているのか。

そこには、誰かとかけがえのない特別な関係をもちたい、言い換えれば、あなたは私にとってかけがえのない特別な存在であってほしいし、私はあなたにとってかけがえのない特別な存在でありたいという欲求がはたらいているように思う――幸福物語としての「理想の家族」像もまた、この欲求に訴えてきた。しかし、その「かけがえのなさ（唯一無二性）」は、「誰もが個人としてかけがえのない存在だ」と言うときの「かけがえのなさ（唯一無二性）」とは異なっている。前者は、私やあなた以外の人はいざ知らず、あなただけ、私だけがかけがえのない特別な存在であるのに対して、後者は、誰もが唯一無二の存在として尊重されるべきだという意味で、普遍的なかけがえのなさを表しているからである。

ある特別養護老人ホームでの、ちょっとした事件。[1]そこに入所している身寄りのない女性が、特に親しくしている職員に自分の小遣いを渡して「お刺身を買ってきてほしい」と頼み、それに応えた職員の対応が問題視される――「あの人は許されて、なぜ自分はだめなのか」という他の入所者からの抗議、ルールなのだから「だめなことは、いついかなる時でも、だれに対してもだめである」という管理職の裁定。自分のお金で自分の好きなものが買えないという異様さはさておくとして、彼女は、面会に来る家族のいる入所者を見ながら、自分を家族のように特別扱いしてくれる存在を求めていたのではないだろうか。入所者を公平に扱わなければならないという施設側の規範とは相反する要求である。

家族のかけがえのなさは、家族でない者との差別によって成り立っている――家族の特別扱いは不当だとは見なされないために、それどころか家族を特別扱いするのが当然とされているために、差別とは言われないが。それはしばしば情愛として表象されるけれども、むしろ日々の生活のなかで繰り返される相互行為、あるいは家族が危機に陥ったときのふ

（1）　藤谷秀・横山貴美子『介護福祉のための倫理学』弘文堂、二〇〇七年

るまい合いであり、家族であれば互いに行うが、家族でない者に対しては行わない行為である——私は家族のために毎日料理しているのであって家族以外の者のためではない、あなたは事故に遭った家族のところに駆けつけるのであって家族以外の者のところに駆けつけるわけではない。家族とは、日常生活において、あるいは危機的状況において、お互いを他ならぬあなた・他ならぬ私として特別扱いすることが期待される関係であり、そうであればその期待のズレを覚悟しなければならない関係でもある——たとえば、認知症になって施設に入所した母親に会いに行く夫にとって、母親はかけがえのない特別な存在（家族）だろうが、妻である私にとっては家族ではなく、「もともといなかった人が急に来て、そしてまたどこかへ行ったというだけで、寂しい気持ちも後ろめたさも何も感じていない」[2]。

家族をつくることが、かけがえのない存在どうしの関係を生きることであるなら、それは特別の重みを与え合うことになる。この重み（絆＝きずな）は、時には相手の身になること、責任感、信頼、癒しや自己肯定感などを生み出す一方で、逃れたいのに逃れがたい束縛（絆＝ほだし）として経験されることにもなる。これまでの「理想の家族」像のように、自らを犠牲にしても家族のために尽くすのが家族関係だとされるなら、一人ひとりがその重みに押しつぶされてしまうかもしれない。まして、家族責任論という幻想的な社会規範のもとで、あるいは一人ひとりの自由な生き方を支える社会環境や制度が不在であるなら、家族関係は重圧として経験されるだろう。では、かけがえのない特別な関係とされる家族関係に潜むジレンマ、かけがえのなさが重圧ともなりうるというジレンマから脱却することはできるのだろうか。

（2）上野千鶴子『近代家族の成立と終焉（新版）』岩波書店、二〇二〇年

2 「家族はかけがえがない」というのは本当か

佐藤和夫

もう死語になっているような気がするけれど、「赤い糸」で結ばれたカップルというような信仰があった。求め合う二人が、数ある候補者の他にもいい相手がいるかもしれないという未練を秘めつつカップルになったのではなく、二人が自ら選択する以前からの強い絆によって、絶対的につながっているのだという、「かけがえのない」関係を理想とする考え方が流行していた。これは、結婚が個人の自由な意志という以上の強い結びつきによるものが理想だという願いを表しているのだろう。そんな「かけがえのない」関係とは、いったい、いかなる男女関係、あるいは性愛関係なのだろう？　こうした「かけがえのない」関係となれば、パートナーが自分以外の人に興味をもったり、親しい感情をもつのは、「かけがえのない」関係への重大な侵犯となろう。

日本の古代史に残る悲劇の結婚ストーリー

ところが、歴史の現実を見据えると、そのような「かけがえのない」恋愛関係や家族関係とは異なる結婚やカップル関係というものが見えてくる。一例をあげよう。岡本太郎という類いまれな芸術家の母親は岡本かの子という作家であるが、そのかの子が自分の創作活動に集中するため、自分の息子を柱に縛りつけて仕事をしたという逸話がある。その話を読んだ時には驚き呆れたが、それに劣らず、本当の話かと思わず目をこすった記述があった。『かの子繚乱』[3]という本によれば、岡本かの子は夫、岡本一平に向かって、自分の創作作業にはどうしても必要なことだと訴え、若い男性の同居、つまり、かの子一人のために二人の男性の同居を求めたというのだ。これまで男が妻に、妾と卑称された女性との共同生活を強いたという話は、さんざん聞いてきた。今でも、イスラム諸国に代表される国々では、一夫多妻制というものが存在している。それが決して女性にとって心地よいものでないことは明らかだろう。性愛は、その当事者以外の存在を排除する排他的な性格を強くもっている。はたして、かの子は異常な人物なのだろうか。

そのことを考えるヒントとして、誰もがご存じの『竹取物語』という日本の古典中の古典がある。この竹取姫というのは、竹から生まれてきた女性とされ、絶世の美女として多くの貴人や帝から求婚されるのだが、言い寄る男たちに次々と難題を吹きかけ、最後にはすべての男たちを拒絶して月に帰る――こういう話として、誰もが知っている日本最古の物語だろう。高畑勲によってアニメ化された作品[4]の美しさにも深く感動したけれど、この話は何を示唆しようとしているのだろうか。子どものころには想像のしようもなかった。

ところで、千葉県の市川に手児奈霊神堂というのがある。ここに祭られている手児奈姫（てこなひめ）の話を聞いて以来、ずっと気になっていたことがある。この手児奈という女性は、万葉集にも名前が出てくる人物で、少なくとも一三〇〇年前には知られた存在だったのだろう。興味深いのは、この手児奈姫と竹取姫との違いと共通点である。二人とも、たくさんの男性から求婚されるのだが、かたくなにそれらを断り、竹取姫は月に帰るが、手児奈姫の場合は、選ぶことなどできないといって、江戸川に身を投げるという話である。同じような話は神戸の方にも残っていて、菟原処女（うないおとめ）という女性が、二人

（3）瀬戸内寂聴『新装版 かの子繚乱』講談社文庫、二〇一九年

（4）高畑勲監督作品『かぐや姫の物語』二〇一三年

の男性に言い寄られて、自殺したとされている。

さて、問題はここから始まる。近代の男女の恋愛話は、たとえばロメオとジュリエットの話のように、たいていは心のなかに誰か好きな人がいるのだが、家の事情や政治的状況から、意中の人とは結婚できない悲劇として描かれる。ところが、日本の古代に残る物語では、そもそも男性と結婚するわけにはいかない、あるいは誰か特定の男性を選ぶことはできないといって、死んでいくのだ。これらの話に驚くような解釈をする古代史研究者の著作(5)を読んで、私は目を開かされた。

女性が本当に深く愛せるのはたった一人だという、男性にとって都合のよいストーリーを、女性の自然本能のように説明するのが現代的な解釈である。本当は、女性も複数の男性を好きになることがいくらでもあるのに、それは女性の貞節観に合わないものだとして、女性に一人の男性だけを愛するように強いる――そうした論理に対して、古代の女性たちは必ずしも従っていたわけではなかったことの残滓として、この逸話が残されたのではないかというのだ。それゆえに、これらは、男性による女性の支配が進んでいくなかで、その論理に従えない女性は死ぬか、あの世に行くしかないとする抑圧の物語ではないか、という解釈である。

そうか、なるほど！　と思わせるほど、私は刮目させられた。昔から、女性は愛する人ひとりに命をも捧げるなどといわれ、その貞節さが褒め称えられてきたが、そこには、女性がそうであってほしいという男の強欲が反映されているだけのことかもしれない。

そもそも女性は、家父長制のなかでは、家長の所有物とされ、長い間、親の決めた男のもとに嫁がなければならないという宿命を課せられてきた。そんな境遇にある女性たちが、

(5) 関口裕子『処女墓伝説歌考』吉川弘文館、一九九六年

自分の心のなかに秘めた愛する人を率直に喋ってしまったら、逆に命を奪われかねない。だから、なにより自分の生活と生命を保障してくれる男を唯一のかけがえのない人として宣言するように、訓練されているだけなのかもしれない。

もうひとつの「かけがえのなさ」の虚構

そんな勝手な考えを抱いたのには、一人の男たる自分のなかにある気持ちを正直にとらえてみたいと思っているからだ。私は、複数の女性に対して「かけがえのない」存在だと思う自分がおかしいという非難には、どうしても納得できない。そんなことを正直に告白したら、女性からはきっと、なんてひどいドン・ファンだと思われるに違いない。先に、言い訳から始めよう。別に、私は複数の女性と同時に性的な関係をもちたいと言っているわけではない。肉体的な欲求としてのセクシュアルな関係には、たしかに排他性があるように思う。だから、ここには強烈な独占欲もはたらく。

しかし、肉体的な関心に向かわないかぎりでの女性に対する思いは、どうみても排他的ではない。実際、手児奈姫も、精神は分割できるけれど、肉体は分割できないといって、身を投げたという説もある。だから、肉体的性欲が精神的欲望と結びついた恋愛感情に翻弄されている時期には、排他的な感情が生まれるのはごく当然であろうが、肉体的欲望が後景に退くか、あるいは退けられるかぎり、複数の女性に「かけがえのない」思いをもったとしても当然と言えないだろうか。

そもそも、恋愛結婚が公に素晴らしいものとして礼賛されるのは、日本においては第二次大戦以後なのだから、法制度のなかに組み込まれた結婚というのは恋愛感情とは無縁のものだった。少なくとも、江戸時代、近松門左衛門が描いた恋愛事件においては、恋愛は心中か磔《はりつけ》に帰着するほどの絶対的禁止事項だった。とすれば、恋愛感情と結婚が結びつくことなど、ごく最近の出来事だという事実だけは忘れるわけにいくまい。

そう考えると、結婚や家族が「かけがえのなさ」をもっているとすれば、それは少なくとも、一人の人間が「かけがえのない」人間に出会って、そこに愛が生まれたからという、人格的個性によるものでないことだけは確かだろう。結婚式では未だに、結婚する両方の親の家系、つまり姻戚関係が決定的な役割を果たすがゆえに、「両家」の結婚式が残存し続ける理由もそこにある。結婚は、財産の継承やその継承者を生み出すための制度として存在する経済的単位であり続けることは疑う余地がない。社会的制度のなかに組み込まれている結婚や血縁という関係が、本人の自然的あるいは自発的行為や感情によって生まれるとはかぎらないことは確かだ。

その一つの証拠として、高齢者の親族を誰が介護するのか、という問題があげられよう。これまでの日本では、結婚した夫の父親や母親の介護、具体的には風呂に入れたり、下の世話をするといったことが、それまでまったく他人であった妻に課せられてきたことは、例をあげる必要さえないほど当たり前だった。最近、聞いた話でも、認知症でケアが必要な高齢女性の世話をしているのが、彼女の孫（男性）ではなくて、孫のパートナーだというのだ。この高齢者の場合、夫も子どもも亡くなってしまったのだが、その亡くなった子どもとその妻との間に生まれた男の子が成人して結婚した相手の女性が、介護を担っているのである。要するに、女性たちが高齢者の介護やケアに入るのは、当人の自発的な感情、あるいはその高齢者への「かけがえのない」感情によって為されるものだ、というのはかなりの大ウソである確率が高い。

だから、血縁あるいは姻族関係というものが「かけがえのなさ」を生み出すわけでないことは確かだろう。むしろ、結婚や家族の形成が「かけがえのない」関係を強制的に生み出すのだと言ってよい。したがって、その「かけがえのない」関係が文字どおり、かけがえないものになるかどうか、いいかえれば「相手の身になること、責任感、信頼、癒しや自己肯定感など」(藤谷)を相互に自発的に持ちうるのかという問題は、結婚や家族の形成とは直接関係がないのではないか。

このことは、「かけがえのない関係」が他方で、「逃れたいのに逃れがたい束縛」の感情と結びつくかどうかにかかわる。この問題を考えるのに、おそらく「神様」が決めたとしか言いようのない人間の欲求について、どうしても検討しないわけにはいかない。子どもがこの世界に生まれてきたときに、現実に人間が育つには、その新生児を全面的に受け入れ、慈しんでくれるような「親役」を担う安心できる存在が必要だということだ。一〇か月ほど、母親の子宮という絶対的に安心できる場でどっぷりと過ごしてきた胎児は、この世界に突然産み出されてくると、どうしていいかわからず、この世界のどこかに何か安心できるものがないかと、ひたすら泣き叫ぶ。その時に、自分を抱えて受け取ってくれる存在が現れる。ほとんどの場合、それは産みの母親で、彼女がそこで自分を抱いて授乳してくれることによって、安心できる肌の触れ合いを保障される。安心できる存在がなければ、この世界の無限の変化や刺激のなかを生き抜いていけないのが、人間という動物の不思議な事実だ。

逆に運悪く、この出生を歓迎されず、場合によっては捨てられたり虐待を受けた新生児は、文字どおり生命の危機に陥る。自分を大切に思い、愛してくれる存在が見えないと、新生児は成長が止まったり、情緒不安定に陥って、ついには死に至ることさえある。実際に、親から虐待を受けて深いトラウマや心の傷を負った場合には、そのあと里親などがその子に愛情をもってかかわろうとしても、その保護者に対し、わざと恩を仇で返すように裏切ったり、信頼感を破壊するような行為を繰り返すケースが、少なからず存在する。それはまるで、自分がこんなに悪いことをしても、あなたは本気で裏切ったりしないのかと、大人を試しているかのようだ。これは、人間が無条件に受け入れられる場所や人間関係を確保しないと、この世の中を生き延びられないので、その確証を求めるようなふるまいだ。

さて、問題はここにある。人類が始まって以来、人間が求め続けてきたこの絶対的な支えへの要求、いいかえれば「かけがえのなさ」への要求を、どう考えたらいいのだろうか。歴史を見てくると、こうした要求に応えるのは、キリスト教のマリア信仰に象徴されるように、女性とりわけて母親とされてきた。しかし、それが女性の本能でないことは確実だ。好きな男性ができたために子どもを捨てて新しい男に走った瀬戸内寂聴のような人物もいるのだから、当然のことながら、女性がそういう能力を生まれつき持っているわけではないのは、男性が必ずしもそういう能力を持たないわけでないのと同様であろう。

とすれば、家族がこの機能を引き受けるというのは、少なくとも家族構成員が本能的に持っているものでないことは明らかだろう。それどころか、他に誰がそれを引き受けてくれるのか、誰もいないではないか、それなら自分たちが引き受けるしかない、という強烈な自己決定がそれを可能にするのではないか。となれば、家族が「かけがえのない」関係を内包しているのではなく、どうしてもケアや支えあいが必要だという必要性の切迫力が、家族成員に、通常の人間関係では避けてしまうような負担をも背負う決意をさせるのだということになる。家族だから特別な「かけがえのなさ」を持つのではなく、家族関係のような生活時間の共有に伴う相互扶助の生活が、人間に「かけがえのなさ」をつくり出すのではないか。

「かけがえのない」関係は、何らかの関係、すなわち親子関係、夫婦関係、恋人関係ならば生まれるのではなく、人間が、他の人間との生活の共有やコミュニケーションの継続のなかで、この「かけがえのなさ」をつくろうという決意において生まれるものではないのか。だが、現代においては家族関係だけがその「かけがえのなさ」を生み出すかのように感じられるとすれば、現代とは、あまりに貧困な時代のように私には響く。どうして深く信頼しあった友人のなかでは、それが不可能なのか。私は友人の可能性を信じて生き抜きたいのだ。

「かけがえのなさ」を創り出すもの

「家族 familia」という言葉は、家長の所有している私的な財産を意味するローマ時代の語源なのだと初めて知ったときには、一種のショックを受けた記憶がある。それは、社会や学校が戦場と競い合いの場になるのに対し、家族が「心の居場所」として人間の愛とコミュニケーションの場であるかのような幻想や願いを持っていたからではないかと思う。戦前の家父長的支配の場から決別した戦後の家族には、親密な愛の巣であってくれという願いがあった。そうした思いが、有無を言わさずに消えていったのは、一九八〇年前後からのことであった。「親密圏」であるはずの家族が、家庭内暴力による凄惨な殺し合いの場であることを示す事件が続発した。家族であるからとか、血がつながっているからという理由で、そこに親密さや愛が支配しているわけもなく、「心の居場所」になれるわけでもないことがわかってきた。

それにもかかわらず、家族が「かけがえがない」とすれば、それはなぜであろうか。フランスの独創的思想家、シモーヌ・ヴェイユは興味深いヒントを与えてくれている。彼女は「私有財産」ということについて、次のように書く。「私有財産は魂が生きるための要求である。もし、身体の延長のように自分のために存在する事物に囲まれていないならば、魂は孤立し、失われてしまうであろう。人間は誰でも、働いたり、楽しんだり、あるいは生活の必要のために、長くずっと使ってきたすべてのものを、思いとして自分のものだとしてしまう傾向を抜きがたく持っている。たとえば庭師は、しばらく経つと、その庭を自分のものだと感じ始める(6)」。

たしかに、家族とは私有財産の場所であろう。私が毎日使っている箸やコーヒーカップ、あるいは自分が長年暮らしてきた家や車には、ときどき新しいものに変えてみようかなと気まぐれを起こしたりするけれど、それが突然なくなったり、誰かに奪われたりすれば、奇妙なほどの喪失感に襲われる。人間は、日常生活のなかで繰り返し使ったり交流したりする物や人間を、次第に自分の存在に不可欠のものと感じはじめる。それは人間というものが、この世界との交渉のなかで生きる営みを行い、そこで喜びや苦しみ、不満、悲しみ、嫉妬や絶望を感じながら生きているからだ。だから、生活のなかで自分が直接に交流する相手や物は自分自身の一部をなすようになり、その交流相手や物の喪失は自分の身体がもがれるような苦しみとなる。そうした自分の周囲を取り巻く物や人間の存在は、自分自身

(6) 『シモーヌ・ヴェイユ著作集5　根をもつこと』春秋社、一九九八年

の一部と言ってよいほどのものだ。人間は、自らの生活や思いに反応してくれたり、共振してくれたりする存在が必要なのだ。その意味で、私有財産とは自分自身であることの不可欠な条件そのものである。

家族は、そのような「私有財産」の中核をなすものであろう。生まれたときから大半の人びとは、親や兄弟などの親近者とともに生活し、彼らから援助されたり、助け合ったり、生きる喜びや苦しみを共有していく。人間は、そのような感情の共有経験によって深い絆を感じとることで、文字どおり「かけがえのない」関係をつくりあげる。

となれば、家族が「かけがえのない」ものであるのではなく、互いに生きて、一緒に喜びや悲しみを共有するという経験によってつくられた人びととの関係こそが「かけがえがない」ものなのである。いいかえれば、血縁があるから「かけがえがない」のではなく、長年にわたる共同の生きる営みの共有が「かけがえのなさ」をつくるのだと言えよう。

それは、肯定的な信頼関係を持ってきたわけではない親近者との関係においても成り立ちうる。時にはDVを受けたり、憎しみあってきたりする家族間の関係においても、この「かけがえのなさ」が消え去るとはかぎらないことから推察できよう。憎んできた親近者が死んだり、いなくなったりすることによって、さっぱりしたとか自由になったという感覚をもたらすこともあろうが、同時に、長きにわたってその日常生活をともにしてきた相手への喪失感が生まれる場合があることも否定できないだろう。

逆に、どれほど長く生活をともにしてきたとしても、その後、何十年にわたって生活を別にして、日常の交流を行わない時間が長くなれば、その関係は次第に「かけがえのなさ」という中身を変容させていく。

家族とは異なる「かけがえのなさ」

家族が家長の所有する私有財産だという古典的な意味は、この「かけがえのなさ」とどういう関係にあるのだろうか。それはなによりも、家族こそ生命再生産の営まれる場所だということに尽きる。子どもを産み育て、次の世代の担い手として自立させるまでの営みは、恐ろしいほどの労苦を要求される。新生児にとって、自分を世話してくれる人は絶対的「私的所有」のための不可欠な存在である。自らできることは空気を吸うことと乳を吸うことくらいと言ってよいほど依存性の高い存在として生まれてきた子どもは、空腹だったり、眠れなかったり、不快だったりしたときは、ただひたすら泣きまくり、周囲にいる自分の擁護者に、そのうるさい泣き声によって自分の要求に応じるよう強制的なまでに訴える。独裁者の王との違いは、自分の要求が実現されないときに、従者の首を切るのが王だとすれば、自らの生命の衰弱をもって訴えるのが乳児だということくらいだ。

そうした独裁者とも変わらぬ乳幼児の生存と生育のためには、母親を含む養育者に多大な時間と労苦が要求されるので、この営みは、専門の養育者の仕事として位置づけられないかぎり、他の社会的な仕事と容易には両立しがたい。生存のための空間（生命と生活のための空間）と労働のための空間が分離しないで営まれてきた近代以前の社会では、庶民にとって、この作業はそれほど困難ではなかった。子どもの生育に必要なことは、保護者が子どもを無視するのではなく、子どもを大切に思って世話することなので、農作業や家事の合間に、ちょっと時間の都合をつけて、相手をしてやれば済むことだった。というのも、仕事の場と生活の場は分離していなかったし、労働自体が利益や効率第一の営みというよりは、生命再生産の一環としての生業（なりわい）にすぎなかったからだ。破れた衣服を縫い直すことや、夕飯の準備をすることと同じ次元で、生きる営みの一環としての子育てがあった。だから、子育ては決して母親ひとりでする必要がないもので、親近者のみならず、近所の人びとも共同の養育者でありえた。

しかも不思議なことに、子育ては、たった一人の責任に任せられれば地獄のような労苦（＝労働 labor）だが、複数の人びととの協同の作業になればなるほど、その苦痛から解放され、時には次世代を養育する喜びにもなる。労働が苦痛だというのは、それが孤立させられた個人の命令や義務に基づくときなのかもしれない。だから、まったくの孤立下に置かれたユダヤ人収容者に対して、ナチスが「労働すれば自由になれる」というスローガンを書いたのだろう(7)。

ところが近代社会以降、家族は、もはや生命再生産のための生業の共同体という性格を失ってしまった。ほとんどの賃金労働者にとって、家族からは生業の共同体という性格は失われ、それ以外の家族機能である、生活の私的再生産と次世代の養育、高齢者や障がい者、病人などの生存にかかわる最終的責任を背負う機関となってしまった。賃金が、もともと、家族の生活の最低保障として決められたために、その本質上、従来の人びとの生活共同体は次第に核家族へと縮減していくことになった。つまり、経済的単位としての家族の閉鎖的性格が確立され、生活の共有は核家族を軸とするようになっていった。そのことによって、家族は公的な世界にはさらされない避難所にはなったかもしれないが、逆に、依存と虐待の場にもなった。家族以外に誰も私の存在を最終的に背負ってくれる者がいないという近代の孤立した状態こそが、家族的隷従を生み出したのではないか。家族ほど私の

(7) 佐藤和夫『仕事のくだらなさとの戦い』大月書店、二〇〇五年

生死の最後までかかわってくれる人はいない。だから、その家族の経済的支配者である（場合の多い）家長たる父親の支配のもとに服従しなければならなかった。

こう考えると、「かけがえのない」家族というのは、近代社会における家族の孤立化が生み出したものではないのか。かけがえのない人間同士の関係というのは、いくらでも生じる可能性があるはずだが、現実に死の瞬間まで付き合えるほどの余裕と精神的献身を、私たち人間は持ちうる条件にない。だから、私たちは選ばざるをえない。誰を家族とするのか、と。

竹取物語の竹取姫も手児奈姫も、そんな無理な選択をするくらいなら、あの世に行ったほうがいいと思ったのかもしれない。しかも結婚するということは、一人の男性の支配する秩序のなかに隷属することでもあるのだから。

それにしても、独占欲と暴力支配のもとでの家族以外に、「かけがえのない」家族のありようはないのだろうか。

3　対等につながりあう開かれた世界へ

川上和宏

家族と、若者の生きづらさ

私は数年前、ある大学で講義をしていた。前期後期あわせると、その講義の受講者の数は約五〇〇人程度だったが、この五〇〇人に向けて必ず行うようにしていた内容がある。それは、「自己肯定感」についての国際比較のグラフ(8)を見せて、なぜ日本の若者は比較されている他国に比べて低い結果となったのか、学生たちにそれぞれの経験から考えてもらい、集めた回答をまとめ、授業資料にしてシェアするというものである。

この内容を扱う目的は、同じ大学に入学した、だいたい同世代の学生たちが、まったく異なる人生経験、家族経験、学校経験をしてきたということを可視化するためであり、彼ら・彼女らが何に苦しめられたり、葛藤しながら生きてきたのか、その要因をともに考えるためでもある。そのため、出題にあたっては、「もし自分自身が自分を肯定できていないな、と感じる場合、自分に能力がないからとか、私が悪いからなどといった考え方はしなくてよいです。そうではなくて、あのときあの人の一言に傷ついたなとか自信をなくさせられたな、というように、〝人のせい〟にして書いてください」と、一つの条件を付言するようにしていた。

そうして集まった回答には、当然少々愚痴めいたものもあるものの、彼ら・彼女らをと

(8) 内閣府『子ども・若者白書』「特集　今を生きる若者の意識～国際比較からみえてくるもの～」(二〇一四年)のグラフ。「自分自身に満足しているか」、「自分に長所があるか」の質問に対し、一三歳から二九歳までの若者の回答を比較したもの。満足、やや満足との回答は、韓国約七一%、米、英、仏などは八〇%超だが、日本は約四五%という結果が出ている。

りまく環境や人間関係が露わになり、興味深いのと同時に、思わず考えこまされてしまう。とくに見逃せないのは、家庭・家族関係の内部で起きているものだ。たとえば、親や親族（祖父母ら）から、〝あなたは生きている価値がない〟とか、〝何の取柄もないのだから勉強だけはしろ〟とか、兄弟姉妹と比較され、〝なんであんたみたいな子が生まれたんだろう〟など、学生らが突きつけられてきた、鋭利な刃物のような言葉群が露わになる。また学生によっては、暴言に加え暴力を振るわれ続けて育ったといった回答も散見される。このような回答が、だいたい約二割を占めている。

一方、彼ら・彼女らが大半の時間を過ごしてきた学校はどうかというと、苛烈な受験競争とか、習熟度別クラス編成（成績が下がると成績の低いクラスに移動させられる）、対象者が理由もなく変わるいじめなどによって、お互いに敵対心や猜疑心をもち、心を許せる仲間や友だちが見つからない、といった声も見られる。

こうした回答は、私が受け持っていた学生たちという限定性があるから、すべての若者たちがこのような状況になっているなどとは決して言えない。家族関係や友人関係を問題なく過ごしてきた学生たちが大半ではある。しかしながら、少なからぬ数の学生たちが家族・家庭にも、そして学校にも自分自身の存在を両手離しに肯定する人間がいなかった、という経験をしている状況下にあるとは言えるだろう。

近代家族の二つの欲求

山田昌弘(9)という社会学者によれば、近代家族（核家族）は「家族〝に〟求める欲求」と、「家族〝を〟求める欲求」の二つの欲求にそれぞれ応じてきたという。前者は「機能的必

(9) 山田昌弘「家族のオルタナティブは可能か」、『家族を超える社会学』新曜社、二〇〇九年、なお強調は引用者による。

要性」の部分で、家族成員全員が生きていくための生命安全保障としての機能であり、たとえば家事や子育て、生活に必要な稼ぎなどが含まれる。そしてこの機能的必要性は、「市場でも、プライベートな関係でも、社会保障であっても、それを代替することは可能」であるとする。近年、家事外部化の市場は広がっていると聞くし、障がいや老齢の場合は年金という形や、施設利用やヘルパーの公的負担などが、これらにあたるだろう。

一方、後者の「家族〝を〟求める欲求」は、「自分がこの社会で不可欠な存在であることを確認したいという欲求、個人が生きている意味を求める欲求」＝「アイデンティティ欲求」だとする。そして「問題は、近代家族が担ってきた」この「アイデンティティ保証、自分をかけがえのない個別的存在として承認する」相手は、代替も供給も不可能である。ゆえに、「機能的必要の代替ならどうにでもなるが、アイデンティティ問題を考えると」、この家族にとって替わりうる何かは「なかなか可能になるとは思えない状況にある」という。

的を射ている指摘のように思う。そう思うのだが、先ほど述べた学生たちの家庭・家族経験の悲痛の叫びを聞いていると、家族が、自分の「かけがえのなさ」を肯定してくれる基盤たりえない、もしくは基盤どころか日々攻撃にさらされている学生たちにとっては、この指摘はいささか絶望的な様相を帯びている。

家族にだけは自分の全存在を肯定してもらいたいという願いをもったところで、それが一向に叶わないというのに、それを引き受けるのは結局家族である、という指摘なのだから。何度引いたところで、ほしいアイテムを手にすることは結局運次第の「ガチャガチャ」を、自分の選択不可能な親に当てはめた造語「親ガチャ」が二〇二一年の流行語にノミネートされたのも、このような学生たちの「つらみ」を代弁しているのかもしれない。

親ガチャに〝外れ〟たと感じる人たちが、自分の生にかけがえのなさを感じるための基盤は、どこに求めたらよいのだろうか。

もやい的関係としての家族

ただ、家族というだけで、親子というだけで「かけがえのない」関係が生まれるのではない。「かけがえのなさ」とは、自分と他者との「生活の共有やコミュニケーションの継続のなかで、この『かけがえのなさ』をつくろうという決意において生まれる」（佐藤）のであるならば、この言葉は大変に示唆に富む。

まず第一に、家族だから自動的に「かけがえのない」関係になるのではない。そして第二に、「かけがえのない」関係は、家族を超えたはるかに広い関係においても、「互い」の「コミュニケーションの継続」と「決意」によって生み出せるともとれる。

実際、私は自分の両親に対して、親だからという理由で「かけがえのない」存在だと思っているわけではないし、その一方、親であるから自分のすべてを理解してくれているなどとは、とうてい思えない。逆に、子どもの立場からしたら、親は「機能的必要性」、つまり衣食住に困らず生活するためのさまざまな役割を果たしているから必要としているのか、長らくともに暮らし、生活を共同してきた「かけがえのない」存在であるのか、はたまたその双方なのか……は大変に悩ましい問題である。

思うのは、自分が「かけがえのない」存在としてこの世に生きているその「証明」を、家族にのみ求めるのは、実は危険なことなのではないか、ということだ。

なぜなら、家族がもつ「機能的必要性」を満たす役割が「代替可能」であるなら、「掛け替えができる」ということになる。逆に、「かけがえがない」（掛け替えができない）とは、役割を果たしているから、役に立っているから、という条件を外してでも、純粋に「この人がいてくれてよかった」という思いをお互いに抱きあえることだと思う。となると、この二つは矛盾を引き起こすことのように思えるのだが、どうだろう。

家族は最小のコミュニティ（community）であるとは、よく聞く言葉だが、このコミュニティとはcom（ともに）＋munis（役割や義務）からなる言葉であって、「お互いに役割や義務を負い合う」関係であるとされる。コミュニティの訳語で代表的な「共同体」という言葉がでてくる以前の明治の初頭、日本で初めての体系的な英和辞典[10]では、このコミュニティの訳語に「もやい」という言葉が当てられた。「もやい」とは、船と船が簡単に離れないように固く繋ぐ紐の結び方（もやい結び）から転じ、「互いの身代をともにする」ことを意味するようになった。離れがたい固い結合、それも「身代」という生命・生存を賭した結合関係がコミュニティだと言える。

近代家族が生まれる以前は農家が大半を占めていて、さまざまな生業を地域のなかで共同して行っていたわけだから、家族を超えた地域という広い範囲で「もやい」は成立していた。地域で共有する山を「もやい山」と呼び、家族を超えて協力して田畑を耕したり、作業を行うことを「もやい仕事」と呼んだ。また、荒波や強風から一隻では立ちゆかない小舟同士を固く結びつけることを「もやい結び」というが、小舟という家族を、家族を超えた連帯と共同によって「もやう」ことで、お互いに守りあってきたのだった。

しかし近代以降、核家族化や都市化の進展によって、こうした地域内での連帯と共同は散り散りになり、人生という荒波と強風に対して一隻の小舟（家族）のみで立ち向かわね

(10) ジェームズ・カーティス・ヘボン『和英語林集成』一八六七年

ばならない状況であるから、なおさら過酷のように思える。

核家族化が進んだ家族を、最小のコミュニティというならば、この「もやい」的性質、成員のうちの誰か一人でも「機能的必要」を果たせなくなったら、立ちゆかなくなってしまう小舟のような状況下で、互いの「かけがえのなさ」を日々実感しあえるような余裕を、はたしてどこまで持ちうることが可能になるのか、疑問に思う。

家族に息苦しさがあるのは、互いの身代と生き残りを賭けた「機能的必要」と、「かけがえのなさ」の証明という、どうにも矛盾したものが、「家族だから」という言葉のもとに、併存可能なもののように家族に押し込められているからではないのだろうか。

かけがえのなさを確認できる関係を人生に〝配置〟する

正直、私はたいして人が好きではないほうだと思う。他者が何を考え、何を経験し、生きているのか、その語りや考えを聞くことは大変好きなのだが、四六時中だれかと一緒にいたいわけではない。一人で過ごす時間も、一人であれこれする時間も欲しいし、自由気ままに行動したい。だから旅はだいたい一人でする。

そのような私であるが、二〇代後半に友人と起業し、いわゆるコミュニティカフェを経営しているのだが、そのカフェでは「学び」と「語り合い」を目的としたコンテンツを事業として行っている。テーマとか本とか、映画やドキュメンタリーなどを通して、参加するそれぞれが、人生を歩むなかで、どんな葛藤や喜びを感じて生きてきたのか、どんな考えや悩みを抱いて生きているのかなどを、文字どおり語り合う場をつくっている。

毎度必ずそう感じるわけではないのだが、しかし、お互いに何の役割を負うことなく、職場のような上下関係や離れがたい関係がない人たちと、じっくり語り合う時間のなかで、私は、語り手である目の前の相手に、文字どおりの「かけがえのなさ」を感じるのだ。両手離しで、目の前の相手がこの世に存在し、私と出会い、語ってくれたということに、何か感謝のようなものを捧げたくなる。そして、今日は十分に語り合えたなと思えたとき、私のなかでは十分に何かが満たされる。性欲すら著しく減退するほどだ。それは他者から自分が承認されたとか、賞賛されてうれしいとかいう話ではなくて、年齢も人生経験も境遇もまったく異なる他者と、対等に関わり合えたという充足感である。

もし、自分が「かけがえのない」存在としてこの世に生きていることを確認したいのであれば、私たちは「家」を出て、「職場」をも離れ、他者と対等に関わり合える時間と空間こそ、必要なのではないか。そして、家を離れて、それぞれが見てきた世界や関わった人や出来事について、家族のなかでも語り合うことが可能になるならば、それこそ「かけがえのない」関係としての家族に近づくように思う。

少なくとも私は、この時間と空間を、大切な一部として人生に〝配置〟するために必死で格闘し続けてきたという自負がある。私〝も〟、「友人の可能性を信じて生き抜きたい」ものの一人なのだ。

経済優先の論理から、自由で多彩な「家族実験」へ
――結びにかえて

少子化の進行が止まらない。合計特殊出生率は一・二となり（お隣の韓国は〇・七台）、二〇五〇年には（つまり二五年後には）、日本の人口は一億二〇〇〇万人台から九〇〇〇万人台に減少すると予測されている。二七〇〇年代には、そもそも子どもの数がなくなってしまうといわれるほどだ。江戸時代には、人口はほぼ三〇〇〇万人で推移していたそうなので、まだまだ減ったほうが住みやすくなるのではと安易に考えたくなるが、問題はそう楽天的にだけは見られないだろう。

いずれにしても、日本が明治以降進めてきた右肩上がりの経済成長や人間観といったものが、もはや通用しない時代に入っている。一九八〇年以降、世界第二位の経済大国と誇っていた日本社会は、すでにGDPで中国、ドイツ、まもなくインドにも抜かれ、二〇五〇年にはインドネシア、ブラジル、ロシア、メキシコにも抜かれてしまうという。

その原因がどこにあるかは、はっきりしている。子どもを産み育てることが韓国においても日本においても、あまりに過酷な状況にあるからだ。多くの女性は、できれば子どもを産み育てたいと思っている。いいパートナーと結婚して、子どもを育てながら充実した人生を送れたらいいと思っている。

ところが現実には、そうした人生を送りたいと願って、仕事も結婚も家庭もと欲張って

暮らそうと思ったら、スーパーウーマンのような能力や気力、体力がなければ不可能だ。子どもの健やかな成長のためには、できるだけ、ゆったりと子どもと向き合える時間的な余裕と一定の経済収入が必要だが、フルタイムで働き、職場で能力を認められたいと思ったら、子育てにじっくりと取り組む時間などどう考えても保障されていない。子どもには朝から「はやく！　はやく！」とひたすら急き立て、帰りも保育園にぎりぎりの時間でしか迎えに行けず、夕食もできるだけ簡単にできるインスタントものになってしまいがちだ。食事が終われば、一時間でも早く子どもを寝かしつけようとしか考えられず、結果的に、先に寝るのは母親のほうといった生活は、日本中で見られるごくありふれた光景だ。どこかおかしい。仕事も家庭も子育ても、と願う自分がおかしいのだろうか？

どうやら、日本社会がやみくもに願い続けてきた、その夢と目標自体に限界がきているのではないか。明治「開国」以来、一日も早く欧米のような豊かな生活を実現したいと、日本の国民がひたすら突き進んできた結果の現実がこれなのだ。

たしかに、物質的な消費生活水準は以前とは比較にならないほどの発展をとげた。しかし、その帰結は、豊かさというものが本来含んでいるはずのゆとりや、人間らしい交流のための時間を犠牲にしてしか成り立っていない。だから「豊か」そうに見えても、じつのところ、少しも「ゆとり」がない生活だ。この二つが両立できないのは、その人に能力がないからなのか。しかしながら、スーパーウーマンにしかできない暮らし方など、そもそも間違いなのではないか。

もう一歩突っ込んで考えるべき時代に、いま私たちは入りつつあるのではないか。

それは、物質的生産力の拡大、ＧＤＰ至上主義的なあり方が、そもそも人間的な暮らしを破壊しているのではないか、という根本的な疑問があるからだ。もっと大胆な言い方をしよう。人類が自明のごとく進めてきた近代化とそれに伴う生活の仕組みが、もはや限界にきているのではないか。そんな大上段な宣言をしたくなるのも、いま私たちが営んでいる暮らし方そのもの、すなわち、男女関係、家族・結婚制度、仕事の仕方それ自体が、近代化の過程としてつくられ、導入されたものだからだ。

思うに、人間の人生は一人ひとりの個人としての生き方を尊重することをその前提としなければならないという考えは、疑いもなく近代になってからのものであり、人間社会を独立の個々人を原点とする仕組みとして考えるようになったのは、本格的には、ヨーロッパで見ても一八世紀の後半以降だと言ってもいいだろう。それまでは誰もが、個人としてではなく、貴族や農民といった一定の身分階層に属するものとして、まずは分類されたのであった。したがって、結婚も仕事も個人の自由意志によって選ばれるものではありえなかった。

人間が自分の意志で己の人生を切り開きたいと願う存在であるかぎり、近代社会は、個人の自由と平等を尊重するもっとも価値あるものとされ、さまざまな封建的制度、奴隷制度などは非人間的なものと考えられてきた。その点に疑いはない。

しかし、この近代の絶対的原理は、一つの重大な点を無視している。それは、個人としての自己決定、自由の尊重があったとしても、その自由は、現実の生活においては他の人びととの人間的関係のなかでしか実現されないという事実だ。自由の原理は、現実生活においては共同の関係を無視することはできない。いいかえれば、個人の自由、自己決定を軸とした近代の原理は、誰とどのように暮らすのか、子どもをどのように産み育てるのかという、個人を超えてしか成り立ちえない共同の関係のあり方について、何も示しえていない。

個人の自己決定の権利しか保証しない近代的自由が、じつは、他者との関係について語らないとすれば、その帰結は、孤立した個人としての生き方だけしか生みだせないことになるのではないか。それは、シングルで人生を生きる暮らし方以上のものを示しはしない。

そうだとすれば、結局、個人の自由の権利だけでは、他者との関係をどう生きるかという重大な問題は捨象されて、カネの力でこの自由を買い取るしかなくなるのではないか。結婚は個人を拘束するばかりだとして婚姻制度を否定することはできるが、それでは、どのように深く愛した相手と暮らすのがよいのか、生まれてきた子どもをどのように育てるべきかという問題を、近代の原理は示しえていない。存在するのは経済的必要や利害関係だけであって、その原理に追随するかぎりは、逆に、人間が共同で生きる意味や喜びについて何もわからないままになる。

考えてみるに、近代の家族は資本主義的賃労働に規定されて形成されてきただけで、家族はもちろん、パートナーシップや結婚の形態も、結局は経済的必要に従属させられてきた。もし近代社会が、本当に人びとの個人としての権利と自由を尊重するのだとしたら、その原理を基礎に、家族を形成すること、子どもを産むこと、パートナーシップをつくることについて、経済的必要の論理を超える新たな形を生みだしていく必要があるのではないか。

この本は、戦後の「自由」で「豊か」といわれる社会のもとでの暮らし方や結婚の仕方、子育ての仕方、親子関係などについて、さまざまな「不自由」や疑問を感じてきた仲間たちが集い、ほぼ五年にわたる時間をかけて話し合い、これからの生き方を模索するなかで生みだされたものである。そのもっとも大きな特徴は、三〇代から七〇代に至るさまざまな世代が、現在の生き難さを共有し、それを乗り越えるために、忌憚のない議論と経験の交流を重ねてきた結果、できあがったことだ。

それはけっして華々しい、人を驚かせるような形ではないかもしれないが、じつは、これまでの社会が陰に陽に押しつけてくる、家族とはこういうもの、結婚して子どもを持ったらこうすべきといった「世間の常識」といわれる慣習や考え方を、巧みにかわしたり、つくりかえたり、抵抗してきた人びとのさまざまな試みが、この本には満載されている。たとえば、いったん離婚して同居したほうがパートナーとの関係がよくなったとか、子育てには夫は不要といった、一見、大胆きわまりない暮らし方を実行している新しい世代が周囲には存在しているのに、私たちはそれに気がつかないまま暮らしているのではないだろうか。この本づくりを通して、私たちは、血縁にこだわらない家族や暮らし方、個を尊重した多彩なパートナーシップのあり方などを、その葛藤の姿とともにリアルに提起できたのではないかと思っている。

当初は、四〇歳以上離れたさまざまな世代の結婚観、家族観、子育て観は大きく異なっていると予想していたが、実際の話し合いでは、その間に越えがたい溝はほとんどなかった。時代の生き難さに世代の違いなどなかった。むしろ、これまでの家族や結婚、子育てのあり方ではどうにもならない、という世代を超えての感覚は、驚くほど共通のものであった。思うに、家族や結婚が、近代的自由を基礎にしながらも、経済的必要性を超えた論理として真剣に追求されてきたことは、これまであまり多くなかったのではないか。

さいわい、近代的と称する経済第一主義的な家族形態や結婚観は、もう用済みになっているると思う。数百年ぶりともいえる大きな世界の変動のなかで、今後の家族はどのようになりうるのだろうか。文字どおり「家族実験」が必要な時代だ。この本を通して企ててきた私たちの試みが、二一世紀の新たな人間関係、家族・友人関係の形成にとって一つの問題提起であればと願っている。

（佐藤和夫）

執筆者プロフィール

●

石塚芳幸（いしづか よしゆき）

1974年生。茨城県の高校で歴史の授業を担当。生活に根差した思考と行動のなかで生きた元祖エッセイストのモンテーニュのような賢さを目標にしてきたが、現時点での共通点は痛風だけ。

片山南美子（かたやま なみこ）

1971年生まれ。大好きな農業に携わって約30年。気がつけばワーカホリックの高校教員。定年が頭をよぎるようになってきた今、次の生き方を模索中。

川上和宏（かわかみ かずひろ）

1984年生まれ。教育学博士課程満退・市民活動家。2014年より友人とカフェを起業し、学ぶことと語り合うことを軸にしたイベントを展開する。多様な人びととの「間」で生きることの喜びと葛藤を日々実感。

小林　悠（こばやし ゆう）

1990年生。英語教育を専門に大学と小学校で教える気候活動家。日々「社会問題×教育」を考える。平成生まれで、男女共同参画基本法施行後に成人するも、日本社会での結婚や子育てに違和感と不安を抱いてきた。

小松　蓉（こまつ よう）

1953年生。元中学校教員。結婚するのが当たり前の時代に、結婚を忌避しながら、シングルマザーとして子どもを一人育てた。現在は独居高齢者として生活し、教育現場の支援や市民活動に参加している。

佐藤和夫（さとう かずお）

1948年生まれ。元大学教員。農業、料理、執筆、市民活動を軸に、老人「人生実験」中。

名村優子（なむら ゆうこ）

1975年生まれ。子どもの親、パートタイム日本語教師の合間に、越境して生きる人について細々と研究中。本当は何か、本当があるはず、と思いつつ、日常に流されがち。

藤谷　秀（ふじたに しゅう）

1956年生。元大学教員。強度行動障がいのある娘と暮らしながら、ケアが人と人のつながりを広げていくことを実感しつつ、奥深い人称世界（私／あなた／彼女・彼のつながり合い）の謎を探究中。

米原佑樹（よねはら ゆうき）

1989年生。児童相談所、私立小での勤務を経て、現在は米国にある日本人学校にて勤務中。コミュニティガーデンでいろんな国からきた人たちと話して、野菜の物々交換をするこの頃。

渡部　純（わたなべ じゅん）

1973年生。福島市で言論カフェ運営の傍ら、高校教員に従事。2011年の原発事故に被災して以来、多様な人びととの出会いと対話に恵まれながら、あの出来事の意味を考え続けている。

渡部理恵（わたなべ りえ）

1974年生。図書館司書。10年にも及ぶ遠距離通勤で格闘中。保護猫3匹と暮らしながら、セカンドライフを模索している。

責任編集

石塚芳幸
川上和宏
佐藤和夫

著者

多世代文化工房

メンバープロフィールは右ページ参照

家族実験
――あなたは誰と、どのように生きていくのか

二〇二五年二月一八日　第一版第一刷発行

著　者　多世代文化工房
発行人　小倉　修
発行元　はるか書房
東京都千代田区神田三崎町二―一九―八　杉山ビル
TEL〇三―三二六四―六八九八
FAX〇三―三二六四―六九九二
発売元　星雲社（共同出版社・流通責任出版社）
東京都文京区水道一―三―三〇
TEL〇三―三八六八―三二七五
装幀者　小野太郎
製　作　シナノパブリッシングプレス
定価はカバーに表示してあります
落丁・乱丁本はお取り替えいたします
ISBN978-4-434-35422-9　C0036